"Nací en una familia muy trabajadora y [...] enseñaron a luchar por lo que quería logr[...] to, el ser mamá era uno de mis sueños más preciados. A pesar de todos los compromisos que he llevado durante toda mi carrera, mis hijos siempre han sido mi prioridad. Qué difícil es hacerlo todo y hacerlo bien. Y qué rápido se va el tiempo y se nos crecen nuestros *babies*. Jinny, si hubiese tenido este libro hace unos años, todo hubiera sido más fácil de entender y no porque los consejos no los necesite ahora, pero sí hubiera disfrutado un poco más la hermosa locura que vivimos cuando tratamos de balancearlo todo".

LILI ESTEFAN, mamá, presentadora y empresaria

"¡Ser madre es el trabajo más difícil del mundo! Pensé que era la única viviendo este maravilloso caos hasta que leí este libro, nunca me sentí tan acompañada. ¡Gracias, Jinny!".

CHIQUINQUIRÁ DELGADO, mamá, actriz y presentadora

"*Ser mamá* es un libro indispensable para todos los padres. No es un libro de fórmulas, es sobre experiencias de una mamá que te habla de tú a tú sobre lo que necesitas saber hoy en la difícil tarea de ser padres. Es la voz de Jinny, la misma con la que ustedes dialogan cada mes en *People en Español*".

ARMANDO CORREA, papá, autor *bestseller*
y director de *People en Español*

"Este libro brinda todas las herramientas que necesitas como madre para balancear con éxito todos tus roles. Es práctico, fácil de entender y, sobre todo, real".

LAURA POSADA, mamá, autora y motivadora

"¡Cómo me he gozado este libro! Gracias, Jinny, por hacerme sentir que no soy la única buscando este balance y que este acto de malabarismo que hago todos los días es lo que me hace tan poderosa. Por ayudarme a recordar lo importante que es mi labor y la responsabilidad que tengo en mis manos de sentirme plena y satisfecha en cada paso que doy. Sé que soy el mejor modelo a seguir para mi Seby y mi Dylan. Este libro me ayudó a recordar que 'las verdaderas superheroínas no usan capa en su vestimenta'".

ROSELYN SANCHEZ, madre, actriz, productora y presentadora

"Ser mamá es lo más parecido a querer hacer magia. Queremos desaparecer tristezas, nos las ingeniamos para inventar momentos felices y vamos creando trucos para tratar de solucionarlo todo. Jeannette, con este libro, captó la realidad de esa magia y creó una complicidad que merece celebrarse. ¡Que ninguna mamá se quede sin leerlo!".

LUZ MARÍA DORIA, mamá, periodista,
autora *bestseller*, vicepresidenta y productora
ejecutiva de *Despierta América*, Univision

"Siempre nos quejamos de que, para ser mamá, no hay un manual de instrucciones. ¡Pues ya no es así! Gracias, Jinny, por darme las herramientas necesarias para poder ser el mejor ejemplo para mi hija Amanda. Para la mujer de hoy es un reto encontrar el balance entre ser esposa, madre, profesional, familia y amiga. Al leer el libro, me sentí totalmente identificada y ahora empoderada para lograr el balance que necesito. El amor y la plenitud comienzan por mí".

KARLA MONROIG, mamá, actriz
y presentadora de radio y televisión

Ser mamá

Cómo encontrar el balance…
¡sin perder la cabeza!

Ser mamá

Cómo encontrar el balance…
¡sin perder la cabeza!

JEANNETTE TORRES

Primera edición: abril de 2019

© 2019, Jeannette Torres
© 2019, Penguin Random House Grupo Editorial USA, LLC.,
8950 SW 74th Court, Suite 2010
Miami, FL 33156

Diseño de cubierta: Víctor Blanco
Fotografías de la autora: Siul Martínez
Maquillaje y peinado: Paul Anthony
Producción: Yamil Urena

Penguin Random House Grupo Editorial apoya la protección del *copyright*. El *copyright* estimula
la creatividad, defiende la diversidad en el ámbito de las ideas y el conocimiento, promueve la libre
expresión y favorece una cultura viva. Gracias por comprar una edición autorizada de este libro y
por respetar las leyes del Derecho de Autor y *copyright*. Al hacerlo está respaldando a los autores y
permitiendo que PRHGE continúe publicando libros para todos los lectores.
Queda prohibido bajo las sanciones establecidas por las leyes escanear, reproducir total o parcialmente
esta obra por cualquier medio o procedimiento así como la distribución de ejemplares mediante alquiler
o préstamo público sin previa autorización.

ISBN: 978-1-949061-72-7

Impreso en Estados Unidos - *Printed in USA*

Penguin
Random House
Grupo Editorial

Para que nunca dejemos de soñar y luchar por lo que nos hace felices.

PARA ANDREA… ¡Mi MUÑECA divina!
La persona más honesta y sensible que conozco, quien siempre tiene una palabra dulce para derretir mi corazón y una sonrisa para recordarme lo hermosa que es la vida.

PARA SANTIAGO… ¡Mi PRINCIPITO valiente!
El ser más noble que existe, quien a pesar de su corta edad me ha enseñado las lecciones más importantes de mi vida. Porque nadie me mira de la manera que lo haces tú.

A MI BEBÉ… ¡Mi ÁNGEL guardián!
Un SER que pude sentir crecer dentro de mí, pero nunca pude conocer. Gracias por cambiarme la perspectiva de la vida y por cuidar de tus hermanitos menores aquí en la tierra.

A JOSÉ… ¡El AMOR de mi vida!
Por amarme todos los días y empujarme a siempre ser mejor. Por admirarme, valorarme, siempre creer en mí y apoyarme incondicionalmente. A seguir caminando juntos hasta llegar a viejitos.
TE AMO.

Índice

Prólogo

Todo el que nos conoce sabe que mi hermana Jinny y yo somos como uña y carne. Aunque hay cuatro años de diferencia (y sin entrar en detalles de quién es mayor), tenemos una conexión como si fuéramos gemelas. Así como cuentan que las mellizas sienten lo que a cada una le está pasando aunque estén distanciadas, nosotras sabemos y sentimos lo que la otra está sintiendo en cualquier momento.

Y no es para menos. Desde que tenemos uso de razón, vivíamos, como dicen en Puerto Rico, pegadas de la cadera. Lo compartíamos todo: nuestro cuarto pequeñito, la cama donde dormíamos juntas todas las noches, la sábana, nuestra ropa; en fin, todo. Quizás vivir en una humilde casita de madera, en el campo, sin lujos y rodeadas de animales y verdor, nos hizo ser tan apegadas.

Jinny siempre ha sido mi paño de lágrimas y yo el de ella. Pero de las dos, es ella la más fuerte; convirtiéndose así en mi roca y mi guía en cada situación fuerte que he sobrepasado.

En 1992, mi vida cambió por completo cuando me convertí en Miss Puerto Rico y para todos nosotros era una experiencia nueva y de mucho aprendizaje. Porque créanme, para una familia humilde del campo de Toa Alta, este nuevo mundo del *show business* era algo muy ajeno. Un mundo totalmente nuevo.

A pesar de todas estas alegrías y experiencias nuevas que estábamos viviendo, nada nos preparó para una de las etapas más fuertes que enfrentaríamos..., la separación.

Aunque ganar Miss Universo le trajo un inmenso orgullo a nuestra hermosa isla de Puerto Rico y a nuestra familia, también nos partió el corazón saber que ya no viviría con ellos. En especial, que ya no estaría más día y noche compartiendo con mi hermana nuestras historias cotidianas y nuestros cuentos del corazón. Ya no estaríamos limpiando y cocinando por las tardes. Ya no estaría tratando de enseñarla a bailar, ni tendríamos más mañanas de domingo acostados todos juntos con papi y mami, riéndonos a carcajadas de cualquier cuento que hacía mi papá. Ya no sería más la estudiante sentada en una de las cuatro sillas de metal del balcón mientras Jinny, en los tacos de mi mamá, era la maestra y usaba la puerta de madera como pizarra.

Nuestra separación física fue muy difícil para las dos, pero sé que para Jinny este vacío fue mucho más fuerte.

Por cuestiones de trabajo, me fui a vivir a Filipinas, país que se convirtió en mi hogar por cinco años. Y aunque me encontraba a miles de millas de distancia, nuestras conversaciones siempre nos mantuvieron cerca. Sabía que, al levantar el teléfono, Jinny siempre estaría ahí para mí, para escucharme, para sacarme una sonrisa; pero, sobre todo, para darme consejos. Su opinión siempre ha sido ese impulso que, a veces, necesito tener para lanzarme a hacer aquello que, de otra forma, quizás no me atrevería a hacer.

Jinny se concentró, al igual que mis hermanos, en sus estudios. Trabajó de forma muy determinada para convertirse en consejera para la salud mental; terminó su bachillerato en psicología y su maestría en Mental Health Counseling. ¿Y cómo no? Si es lo que ha hecho toda su vida: escuchar, aconsejar y ayudar a ver las cosas desde una perspectiva diferente.

Una vez convertida en madre, y aunque Jinny no lo era todavía, su amor incondicional a mi primer hijo fue de admirar. Como ella siempre ha dicho: "Kitian es mi primogénito". Estos fueron los tiempos en que más cerca la quería tener. Recuerdo que cuando salí con Cristian del hospital, la enfermera me dio un paquetito de pañales y unos pañuelos para envolverlo. Mi cara fue de miedo y dije: "¿Cómo así? Pero tengo demasiadas preguntas,

¿y si hago algo mal? Y si tiene dolor, ¿cómo lo sé?". Básicamente, sus instrucciones fueron: cómo cargarlo, alimentarlo, envolverlo y que solo lo bañara con pañitos hasta que el ombligo se le cayera… ¡Muchas gracias y *bye*!

Realmente, los niños no vienen con un manual de instrucciones y mucho menos existe un manual de cómo ser mamá.

Los consejos y técnicas, cómo disciplinarlos y hablarles, las diferentes ideas, sugerencias y ejemplos los he aprendido de mi hermana, que a su vez los ha asimilado a través de años y años de estudio y, por supuesto, de nuestra Reina Madre.

Hasta escribimos nuestro primer libro juntas: *Casada conmigo: Cómo triunfé después del divorcio*. Un libro de autoayuda para personas que están pasando por momentos difíciles, desde mi perspectiva de alguien que estaba viviendo cada etapa de un divorcio y la de Jinny, como experta en salud mental, aconsejando, sugiriendo y dando ejemplos de cómo manejar cada una de esas etapas. Y era precisamente lo que queríamos ofrecer. Porque cuando yo pasé por mi divorcio, no existía un libro que me hablara a mí como una amiga o una hermana, que me ayudara a entender y sobrepasar por lo que estaba viviendo.

Jinny siempre ha sido esa mejor amiga que te escucha con paciencia y te aconseja en cada situación con ejemplos reales, consejos y técnicas que siempre vas a entender. Tiene una facilidad de palabra sin igual. Es por eso que no solo ha sido invitada a programas de televisión, como *Despierta América*, para hablar de temas referentes a niños y padres, sino que ha sido nombrada embajadora de Discovery Familia, para hablarles a las madres hispanas que viven en los Estados Unidos. También ha sido la autora de la columna "Ser Mamá" de *People en Español* durante más de 10 años. Todo por la misma razón: la manera en que te habla es muy real, personal y sincera.

Es por esto que hoy me siento más que orgullosa de mi hermana y su nuevo libro. Porque ser mamá y balancearlo todo: el trabajo, los hijos, el tiempo, una pareja y todo los que las madres hacemos en el día a día, no es nada fácil. Y Jinny tiene ese don de darse a entender y dejarnos saber que, en esto, no estamos solas.

A veces pienso pienso que he sido muy bendecida por tener a mi hermana en mi vida... Hoy puedo decir que esa mejor amiga que te da ese consejo tan necesario, entendiendo lo que haces, apoyándote y ayudándote a convertirte en la madre que siempre soñaste ser para tus hijos; esa hermana que siempre he tenido yo, la tienes tú ahora en este libro.

Muchas veces nos han mencionado lo mucho que nos queremos mi hermana y yo. Tenemos amigas que admiran nuestra relación, a quienes les hubiese gustado tanto haber tenido una relación tan especial como la nuestra. Pues, desde hoy, la comparto con ustedes.

Y a ti, Jinny, te digo que has sido en mi vida un ángel en la tierra. Que te amo con toda mi alma y te agradezco tu paciencia al escucharme mientras haces tus pechugas o pasta o arroz con gandules. No importa lo cansada que estés o las siete cosas que estés haciendo en ese momento.

Y si tu corazón con cicatrices sanó lentamente cuando me fui a vivir fuera de Puerto Rico, y a la vez se llenaba de un orgullo enorme por mí y todo lo que hacía, hoy quiero que sepas que soy yo la que vive orgullosa de ti y de todo lo que tú has logrado hacer. Por ser una madre excelente, con una paciencia inigualable, poniendo siempre a tus hijos y sus sentimientos primero, siempre tratando de balancearlo todo y enseñándonos a nosotras que sí es posible.

Tú siempre has sido, eres y serás mi superheroína sin capa, mi ángel sin alas.

Your sis,

DAYANARA

Introducción

Para muchas de nosotras, es muy rico y gratificante recordar nuestra niñez. Mi niñez estuvo llena de mucho amor, mucha comprensión y, sobre todo, mucha diversión. Debo confesar que, al ser la más pequeña de cuatro hijos, fui muy consentida; no solo por mis padres, sino también por mis hermanos. Para ellos era la bebé de la casa y para mi hermana era su muñequita.

Viniendo de una familia de padres muy trabajadores, vi el sacrificio que hacían diariamente para darnos la mejor educación posible. Ellos trabajaron durísimo para mantenernos a todos en escuelas privadas hasta llegar a la universidad, un acto que todavía me conmueve de solo pensarlo. Hay que reconocer que, para un mecánico y una secretaria, tener a sus cuatro hijos en una escuela privada no era tarea fácil. Viendo sus sacrificios, aprendí a valorar muchísimo la educación y entendí que sin ella mis opciones en la vida serían pocas.

Mi padre se iba a su trabajo desde muy temprano y llegaba a la casa tarde, listo para cenar. Mi madre, por otro lado, estuvo en casa con nosotros siempre hasta que yo entré a la escuela. Por ser la más pequeña de todos, pude ver cómo nos atendía desde que se levantaba hasta que se acostaba. Se levantaba en la mañana, preparaba el desayuno y el almuerzo para todos, incluyendo el de mi padre para que se lo llevara al trabajo. Luego de llevar a mis hermanos a la escuela, regresaba a organizar la casa, atenderme y preparar la merienda de después del colegio. Merienda que llevaba en el carro para que todos comiéramos de regreso a casa, donde luego ayudaba con las tareas, preparaba los baños, la cena, el postre y nos alistaba para dormir. Recuerdo verla atendiéndonos todos los días, todo el día.

Cierro los ojos tratando de buscar una ocasión en la que la viera relajada, de pronto sentada en la mesa comiendo con nosotros o tomándose una cafecito, pero lamentablemente no la encuentro. Mi Reina Madre vivió y sigue viviendo solo y únicamente para nosotros…

De niña, jugaba a pretender ser muchas cosas. Desde ejecutiva, maestra, azafata, veterinaria, por mencionar algunas. Pena me da con mis hermanos, que tuvieron que ser víctimas de cualquier profesión que estuviera ejerciendo en el momento. Es decir, fueron mis secretarios, estudiantes, pilotos, etcétera. Nunca se burlaron (cosa que me imagino hacían cuando no los estaba mirando) y hasta nos divertíamos mucho.

Lo gracioso de todo es que desde que tengo uso de razón me veo jugando a todas estas profesiones con un muñeco dentro de mi camisa. Hasta recuerdo una foto que mi madre tenía, en la que estaba en el balcón de la casa con sus tacones, la cartera colgada del hombro, libreta en mano tomando notas y con una barriga deforme porque dentro de la camisa tenía uno de mis peluches preferidos. Solo queda por decir que, gracias a Dios, esa foto se ha perdido y te juro que no tengo nada que ver con eso.

En fin, desde muy pequeña sabía que quería ser madre. Tanto es así que ni lo pensaba, era simplemente parte de mí y de mi manera de jugar. Conducta que no fue aprendida porque nunca vi a mi madre embarazada. Lo interesante es que nunca jugué a ser madre y ya. Siempre tenía una profesión, un trabajo, y la barriga era como parte del contrato.

Cuando comencé la escuela, mi madre decidió regresar a su vida laboral para ayudar a mi padre con los gastos de la familia. Ahí, ya la rutina de todos cambió. Salíamos de la casa desde muy temprano. Mis padres nos llevaban a todos al colegio y luego se iban ellos a sus trabajos. Al pasar los años, mi capacidad de ver y entender lo que estaba sucediendo en mi hogar aumentaba. Veía a una madre, aunque muy feliz y bendecida, muy agotada. Llegaba de la oficina y entraba directito a la cocina para preparar la cena. Luego nos ayudaba con las tareas y, en muchas ocasiones, tenía que preparar bizcochos para fiestas y eventos especiales (creo que esta era su verdadera pasión).

En una ocasión, la hija de una compañera de su oficina se casaba y mami le estaba haciendo el bizcocho de bodas. Recuerdo verla muy cansada, pero contenta de que le iba a entrar un dinerito extra. Todos nos fuimos a acostar porque había colegio al día siguiente. Al despertar en la mañana, fui a la cocina y la vi con la misma blusa que había usado para trabajar el día anterior. Con mucha cara de asombro la miré y le pregunté si no había dormido, a lo que me contesto: "Claro que sí princesa…, es que no quería ensuciar otra camisa, así que me puse la misma". La miré y le sonreí, pero en el fondo sabía que no era cierto.

Ver todos los sacrificios que mis padres hicieron para sacar a la familia adelante, hizo que aumentara mi deseo de estudiar duro y de tener una profesión. Escogí una profesión que me diera la oportunidad de ayudar a los demás. Después de muchos años de estudio y prácticas (*internships*) necesarias para completar mi preparación como Consejera para la Salud Mental, comencé a enfocarme en mi vida familiar. Cuando nacieron mis hijos, mi vida dio un cambio de 180 grados. Mis días se llenaron de preguntas, muchas de las cuales siguen sin respuesta hasta el día de hoy. ¿Estaré haciendo un buen trabajo como madre? ¿Estaré tomando decisiones correctas para su desarrollo? ¿Estaré haciendo bien al dejarlos e irme a trabajar para seguir ayudando a los demás, como dicta mi profesión?

Fue ahí cuando entendí que no importa qué profesión tengas o cuán preparada estés para traerlos al mundo, nadie te prepara para "ser mamá". Irónico, ¿no crees? No existe preparación para lo que yo considero que es el trabajo más importante que una mujer puede ejercer. Creo que como base podemos tener el ejemplo de nuestras propias madres. Sin embargo, hay tantos cambios de generación en generación que, en muchas ocasiones, no tenemos ejemplo a seguir. La mujer del siglo XXI vive una cantidad de retos que nuestras madres y abuelas jamás imaginaron que existirían.

Por años, la mujer ha luchado por tener un puesto de igualdad en la sociedad. Y aunque hemos llegado muy lejos, nuestra lucha aún no termina. No podemos negar que con nuestros logros en la sociedad surgen otros retos. Hablemos del aspecto profesional, por ejemplo. Hoy en día, las mujeres somos capaces de ejercer todo tipo de trabajos, aumentando así nuestras responsabilidades laborales. Como resultado, nuestro acto de malabarismo se intensifica diariamente.

Ese acto de malabarismo y balance es el reto mayor de las madres hoy en día. ¿Cómo puedo hacerlo todo? ¿Cómo puedo alcanzar mis propias expectativas en todos los roles que ejerzo? ¿Cómo puedo cumplir con todas mis responsabilidades sin olvidarme de mí misma en el intento? ¿Cómo asegurarme de llevar el hogar que siempre quise tener?

Y la lista continúa…, pero para encontrar las respuestas tenemos que detenernos un momento y recordar que, como madres, siempre sabremos qué es lo mejor para nuestra familia. Y aunque no existe un manual de usuario ni los niños vienen con instrucciones, somos capaces de hacerlo todo… ¡y de hacerlo BIEN!

Y ese es precisamente el objetivo de este libro. En las próximas páginas, te hablo de mis propias experiencias. Pongo en perspectiva la "locura" que nosotras las madres vivimos. Experiencias y sentimientos que solo nosotras podremos entender. Al final de cada sección, incluyo "Consejos para poner en práctica", con el propósito de que internalices lo leído y lo apliques en tu vida. Como dice el refrán: "En la unión está la fuerza". Este libro te ayudará a ver que no estás sola. Que no importa tu edad, cuántos hijos tienes, tu estado civil o qué haces diariamente. Encontrar el balance es una búsqueda constante y vivir en armonía con nosotras mismas es posible.

Así que, SUPERHEROÍNAS... las invito a que, mientras leen este libro, se conecten con ustedes mismas y abran bien los ojos para que puedan ver lo fuertes y maravillosas que somos... Después de todo, las verdaderas superheroínas no usan capa en su vestimenta.

≈ 1 ≈

Tiempo

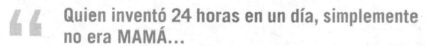

> **Quien inventó 24 horas en un día, simplemente no era MAMÁ...**
>
> JINNY

No importa lo organizada que esté o cuán planificado tenga mi día, siempre me acuesto pensando en todo lo que me queda por hacer. Es como si mi lista de *things to do* [cosas por hacer] se multiplicara al estilo de la película *Gremlins*. La única diferencia es que, en vez de reproducirse al contacto con el agua, mi lista se multiplica al contacto con el lápiz, con cada ítem que tacho, aparece uno nuevo.

Tiempo para mí

Sacar tiempo para una misma es tan necesario como apagar la computadora en las noches para que funcione eficientemente al día siguiente. El tiempo que separemos para nosotras es crucial para nuestro rendimiento y contribuye enormemente a nuestro bienestar emocional. Estoy segura de que no soy la única que conoce estos beneficios, pero siempre me he preguntado... ¿por qué se nos vuelve tan difícil hacerlo? ¿Por qué siempre colocamos al final de la lista lo que es para nosotras?

Creo que parte de nuestra dificultad de separar tiempo para nosotras proviene de generaciones pasadas. No recuerdo ver a mi Reina Madre tomándose un día para descansar o planificando irse a disfrutar de un café con sus amigas y, menos aún, recuerdo a mi abuela haciendo ese tipo de planes. No creo que dejar tiempo para sí mismas no fuera necesario, sino que, simplemente, no era socialmente aceptado. Era de esperarse que invirtieran cualquier tiempo disponible en la familia y para la familia.

La prueba de esto está recogida en las fotos. Te invito a que busques fotos de tu niñez en familia. Te pregunto: ¿cuántas fotos podemos identificar en las que nuestras madres están tan bien arregladas como nosotras? En mi caso, te puedo confesar que en la mayoría de las fotos mis hermanos y yo estábamos "de punta en blanco", como decimos en mi país. Lazos en la cabeza o gorras, complemente combinados con el vestuario y zapatos. Sin embargo, mi Reina Madre aparece siempre con el cabello recogido (porque era lo más fácil) y poco o nada de maquillaje (porque no le daba tiempo). Por último (y no menos importante), siempre traía artículos extra que acentuaban su vestimenta, colocándola a la última moda del momento: chupos agarrados a su camisa, trapitos colgados en su hombro y hasta una cartera estilo Mary Poppins, en la que encontrabas lo inimaginable. Estoy segura de que su dolor de espalda es resultado de todo lo que cargaba y, si a eso le sumas que tuvo un total de cuatro hijos…, el dolor de espalda es más que entendible.

Todas estas imágenes son las que se quedan grabadas en nuestra memoria, y sin que nadie nos lo diga se convierten en nuestro ejemplo a seguir. Son como semillas plantadas en la tierra que, con el tiempo, se van regando y florecen con rapidez al momento de convertirnos en madres. Sin embargo, soy fiel creyente de que, para obtener resultados diferentes, hay que hacer cosas diferentes. Ahora es el momento de colocarnos los guantes de jardinería y comenzar a renovar nuestro jardín. Cambiemos las semillas de "yo, a lo último de la lista" y sembremos unas llenas de "quererse un poquito más".

≈ Busquemos un balance ≈

Cambiemos nuestra forma de pensar. Tenemos que entender y aceptar a plenitud que nuestro bienestar emocional es tan importante como el de todos en la familia. Que el hacer algo que nos satisfaga y disfrutemos todos los días, por pequeño que sea, nunca será desperdiciado. Que separar tiempo para mí no significa que soy egoísta y que no quiero, o quiero menos, a mi familia. Al contrario, es por nuestra propia familia que lo hacemos.

Disfrutar de algo que nos gusta y cuidarnos emocionalmente nos ayuda a balancear nuestros propios sentimientos y energía. Con un buen balance, podremos combatir efectivamente el estrés que tanto nos persigue y tendremos mejor disposición para ver y actuar frente a las situaciones que se nos presenten día a día.

Encontrar nuestro balance nos ayuda a ser felices, nos hace mejores seres humanos…, mejores MAMÁS.

Y si necesitamos un poco más de empuje recordemos que al apartar tiempo para nosotras estamos ayudando a nuestros propios hijos, la nueva generación, a sembrar las semillas apropiadas que los ayudarán con su propia felicidad. Como toda madre, todo lo que hago es con mis hijos en la cabeza. El mundo es como es y no puedo cambiarlo; sin embargo, sí puedo aportar mi granito de arena para hacer la diferencia.

Para mi hija Andrea lo que quiero es que llegue mucho más lejos que yo. Quiero que estudie, que tenga una vida profesional exitosa y que disfrute lo que hace día a día. De igual manera, deseo que sea feliz emocionalmente. Y si decide tener una familia, quiero que entienda que dedicarse tiempo a sí misma es algo NORMAL y necesario.

Y como los verdaderos caballeros no nacen, se hacen (y en la mayoría de los casos son criados por mujeres), quiero que mi hijo Santiago entienda lo que una pareja necesita y que de esta manera lo respete y lo promueva. Esto de las semillas del pasado no aplica solamente a las mujeres, los hombres también tienen sembradas semillas y tenemos que asegurarnos de que el cambio los envuelva a ellos también.

Como dijo Mahatma Gandhi: "Nosotros debemos ser el cambio que queremos ver". Debemos comenzar a hacer cambios en la casa para asegurar cambios necesarios en la sociedad. Si le doy la importancia que se merece al tiempo que dedico "PARA MÍ", Andrea y Santiago lo respetarán ahora de niños y lo harán cuando sean adultos.

✔ Para poner en práctica...

Recordemos que el tiempo PARA MÍ no lo planificamos "si nos sobra tiempo", porque ya sabemos que no nos sobra; simplemente tenemos que reservar el que queremos emplear en nosotras.

1. Comienza haciendo una lista de, por lo menos, cinco cosas que son las que más te gusta hacer y disfrutar.
2. Sé realista en tu lista. Las actividades que decidas incluir en ella deben poderse implementar de forma inmediata y sin mucha planificación.
3. Enuméralas del 1 al 5 (de menor a mayor dificultad).
4. Escoge la actividad que deseas llevar a cabo (una sola al inicio).
5. Cuando lo determines necesario, reevalúa tus opciones y trabaja en tu lista, pero nunca dejes de usarla.

Aquí te comparto mi propia lista, ya organizada por nivel de dificultad:

1. Tomarme el café… sin tener que recalentarlo tres veces.
2. Llenar la bañera con agua caliente… y bañarme sin interrupciones.
3. Leer un libro… y pasar del primer capítulo.
4. Practicar yoga… sin quedarme dormida en el intento.
5. Reunirme con amigas y ver una película… que no sea animada.

Tiempo para mi familia

En ocasiones, me siento como el conejito de Duracell... El café es lo que me da cuerda y sigo mi día de forma casi automática. Y estoy segura de que no soy la única. Desde que nos levantamos, ya tenemos definidos los pasos a seguir. Desafortunadamente, vivimos tan gobernadas por este famoso tiempo que siento que nos mantiene corriendo cada segundo.

En mi caso, por ejemplo:

5:15 a. m.	Alarma y hacer el café
5:30 a. m.	Bañarme y arreglarme para la oficina
6:00 a. m.	Preparar el desayuno de los niños
6:30 a. m.	Despertar con canciones y masajito en los pies a Santi
7:00 a. m.	Hora de Santiago de lavarse los dientes y vestirse para el colegio
7:15 a. m.	Despertar con masaje en la espalda a Andrea
7:20 a. m.	Preparar los almuerzos
7:40 a. m.	Salir de la casa con Santiago
7:45 a. m.	Dejar a Santiago en la escuela
7:45 a. m. — 8:45 a. m.	Manejar a la oficina
3:00 p. m.	Salir de la oficina
3:45 p. m.	Recoger a Andrea en la escuela
4:00 p. m.	Recoger a Santiago
4:15 p. m.	Llegar a la casa a preparar la merienda y recoger lo del desayuno
4:45 p. m.	La lucha con las tareas comienza

6:00 p. m.	Salir para las prácticas de tenis de los dos (gracias a Dios están en el mismo deporte)
7:30 p. m.	Llegar a la casa y preparar la cena mientras se dan un buen baño (deberíamos inventar una ducha estilo car wash [lavado de autos]... porque salen tan sudados que a veces pienso que la esponja con jabón no es suficiente)
8:30 p. m.	Hora de cenar
9:00 p. m.	Hora de leer, mientras termino en la cocina
9:30 p. m.	Hora de dormir para Santiago y Andrea
10:00 p. m.	Preparar la ropa del día siguiente (la de los niños y la mía)
10:30 p. m.	Bañarme y a dormir. (Mi cerebro no da para más... Debo admitir que soy como las gallinas. Me acuesto y me levanto temprano)

¡WOW!, solo de ver el itinerario me canso... Me pregunto: ¿será que en todas las casas existe la misma locura? Al hablar con mis amigas madres, descubrimos que no importa cuán organizadas estemos, siempre sentimos que estamos corriendo, especialmente en las mañanas. Esto sin mencionar las personalidades de nuestros hijos, las cuales juegan un papel muy importante en el itinerario. No sabes cuántas veces pienso: "Ay, Dios mío, que a Santiago no le dé por hacerme sus famosas y profundas preguntas, de esas que me toca pensar la respuesta". Diez minutos que me demore de más en dejarlo, se pueden convertir en 25 minutos más de camino a la oficina. ☹

¿Quién hubiera dicho que tendríamos que escribir en nuestra agenda el tiempo que queremos pasar juntas con nuestra familia? Suena difícil de creer, pero sé que en algún momento todas hemos sentido lo mismo. Vivimos a un ritmo tan apresurado, que se nos hace difícil apartar tiempo exclusivamente para la familia. Ese es un tiempo en el que podríamos hablar, explorar lo que pasa por sus cabezas y determinar a qué le podemos extraer una enseñanza.

≈ Tiempo de calidad, pero… ¿con qué tiempo? ≈

Como consejera para la salud mental no puedo minimizar lo importante que es para todos los miembros de la familia pasar tiempo de calidad. Ahora bien, como madre y viendo el itinerario de un día "normal", mencionado arriba (que estoy más que segura que es muy parecido al tuyo), una pregunta válida sería: ¿con qué tiempo?

No, no lo hay… Eso que muestran en las películas, en las que todas las noches la familia entera se puede acostar en la sala para ver juntos la televisión o jugar juegos de mesa, es como el príncipe azul de Disney: ¡fantasía! Como madres, lo que sí podemos hacer realidad es incorporar esos momentos importantes en medio de nuestras obligaciones y convertirlos en parte de la rutina.

"Familia que come unida, permanece unida". Esta es la frase clave que me ha ayudado a crear el "tiempo de calidad" que quiero con mi familia. Siempre comemos juntos en la mesa. Y aunque mi esposo viaja mucho por cuestiones de trabajo, seguimos nuestra rutina. En ese momento, no hay distracciones, no hay teléfonos en la mesa, no hay repasos para un examen, no hay televisión encendida, a menos que sea con música instrumental para que nos ayude a bajar las revoluciones a todos.

Es en estos momentos cuando aprovecho para darle mi atención completa a lo que me dicen. Me narran cosas de la escuela y con ellos hasta me río de sus ocurrencias. Aprovecho este tiempo para dejarles saber a mis hijos que nosotros (su mamá y su papá) somos su HOGAR, somos su "zona segura" y donde nunca serán juzgados. En ocasiones, me pongo a pensar que si no fuese por estos momentos, de veras, no sé cuándo podría hablar con ellos. No me malinterpretes, mientras lavo los platos o preparo la comida o sirvo de chofer para sus prácticas también hablamos, pero mi atención está dividida. La hora de la cena es la única en la que estamos enfocados en nosotros mismos.

Sin embargo, ahora que ya Andrea es una adolescente (¡*wow*!, ¡qué fuerte se me hizo escribir esa oración!), hay cosas que me quiere decir solamente a mí. En esas circunstancias, tengo que ajustarme y prestarle la atención que se merece. La mayoría de las veces es antes de acostarse a dormir. Me siento en su cama mientras me cuenta lo que le sucede y podemos hablar sin "moros en la costa". Y si algo quedó sin hacer, pues se quedó para el día siguiente. Creo que nosotras, las madres, ya sacrificamos mucho al no estar presentes en el momento apropiado.

La clave no es enfocarse en la cantidad, sino en la calidad. Cada familia es un mundo aparte y diferente. Nada ni nadie nos puede decir cuándo y dónde debemos pasar nuestro tiempo en familia. Lo que sí es importante es aprovechar cualquier momento disponible durante el cual nos podamos conectar. Y la única manera de hacerlo es estando PRESENTES.

✔ Para poner en práctica...

La organización nos ayuda a estar más PRESENTES para nuestros hijos diariamente...

1. Adelanta todo lo que puedas el día anterior. Por ejemplo, en las noches prepara los uniformes (ropa interior, medias, zapatos, etc.) y tu ropa para la oficina.

2. El día que vayas a hacer la compra del mercado, decide el menú para toda la semana. De esta manera, puedes descongelar y marinar el día antes de cocinarlo. Ya cuando llegues a la casa, tienes más de la mitad del proceso de la cena adelantado.

3. Pregunta la noche anterior qué quieren desayunar y llevar para el almuerzo al día siguiente, de esta manera, en la mañana puedes enfocarte en otras cosas con ellos.

4. Usar platos desechables durante la semana ha sido mi salvación. Honestamente, no me había percatado de cuánto tiempo se invierte en organizar la cocina y fregar los platos.

5. Sé flexible con tus propias expectativas y haz los ajustes necesarios. No sabes cuánto me estresaba todas las mañanas porque tenía (regla que yo misma inventé) que dejar las camas recogidas antes de salir de la casa. Luego entendí que el mundo no se acababa cuando no las recogía.

Tiempo para el amor

Cuidar del amor es tan importante como cuidar del hogar. Sin importar el estado civil que tengamos, el amor en pareja nos hace sentir queridas, apoyadas y hace que nuestro corazón vibre de alegría. Cuidar del amor de pareja no significa ser egoístas, significa cuidar la base del hogar. Mostrarles a nuestros hijos lo que es estar con una pareja que amamos y lo importante que es apartar tiempo para cultivar ese amor, es necesario para el bienestar de la familia.

Como mujeres, no podemos negar que al convertirnos en madres toda nuestra atención gira hacia nuestros hijos, haciendo que nuestra motivación en la vida sea completamente distinta. Ese mismo sentimiento es el que puede hacer que exista distanciamiento entre la pareja. Distanciamiento que puede aumentar con el pasar de los años y los retos constantes de la maternidad.

En ocasiones, me he sentido como si estuviéramos en una incesante carrera de relevos en la que no hay tiempo para hablar, solo para seguir corriendo. Y cuando tenemos tiempo para hablar, el tiempo se nos va comentando las cosas de los niños. Por ejemplo: "Creo que le debemos exigir más español a Santiago" o "creo que le debemos dar un poco más de libertad a Andrea" o "¿será que estamos haciendo bien al…?". En fin, todo gira alrededor de los niños, desde que nos levantamos hasta que nos acostamos. Cosa que gozamos, porque ser padres ha sido nuestro sueño más anhelado, pero qué fácil es perderse como pareja en el proceso.

Esta situación constante puede producir dos resultados. El primer resultado puede ser la unión de la pareja en un fuerte equipo de trabajo, en el que viven enfocados por la necesidad que sienten de dividirse las responsabilidades para poder llegar a donde se quiere llegar. El segundo resultado es totalmente opuesto. Este puede hacer que disminuya lo que tenían en común como pareja, haciendo que ambos crezcan hacia polos opuestos. A lo largo de mi carrera, no sabes cuántas parejas he conocido que después de muchos años de matrimonio terminan divorciándose tan pronto los niños ya no están en la casa. En la mayoría de esos casos no es porque no se quisieran o ya no se quieren, simplemente se enfocaron tanto en los niños que cuando ya no están, no tienen un objetivo común.

Sin embargo, qué difícil se nos hace apartar tiempo para la pareja. ¿Cómo hacer para seguir disfrutando de las cosas que nos gustan como pareja en nuestra vida familiar? Por ejemplo, salir a cenar, ir al cine o hasta tomarnos una taza de café solos. Sin olvidarnos de toda la planificación del *babysitting* [niñera] que se tiene que hacer al momento de salir. Y como si esto fuera poco, ¿cómo lidiar con el sentimiento de culpa que aparece al momento de alejarnos de nuestros hijos? Sí, porque sin importar lo mucho que podamos disfrutar en pareja, acostumbramos a darnos latigazos en la espalda al pensar lo malas madres que somos por haberla pasado tan bien sin nuestros hijos.

De igual manera, las personas que nos rodean pueden influir en lo que hacemos y hasta en lo que sentimos. Todas tenemos esa amiga que nunca sale sola con su pareja porque prefiere estar con sus hijos todo el tiempo. También tenemos esa amiga que siempre sale con su pareja y está muy poco con sus hijos. Creo que todo extremo es dañino y el balance es necesario para que tenga el efecto positivo que deseamos.

≈ Al amor hay que cuidarlo ≈

Ahora bien, te exhorto a que te sientes, respires profundo y leas con mucha atención lo que te voy a decir, lo cual estoy segura de que te abrirá los ojos a la realidad: querer apartar tiempo para el AMOR no nos hace malas madres. Querer apartar tiempo para el amor no significa que tenemos invertidas nuestras prioridades. Queremos apartar tiempo para el amor porque nos da balance como seres humanos.

El amor en pareja es como una flor. Se tiene que cuidar, regar, sacar al sol… En fin, apartar tiempo para que florezca. Cuando vas al vivero, las flores se ven hermosas, con colores brillantes, hojas verdes y fuertes. Decides comprar una porque sabes exactamente dónde la colocarás para que alegre tu casa. Sin embargo, al pasar los días se va marchitando y muere. Y te preguntas… ¿pero qué hice mal? ¿Será que la regué demasiado o la saqué mucho al sol o no la puse lo suficiente? El amor en pareja es exactamente igual. No tenemos instrucciones, pero sí tenemos que trabajar para que funcione y siga vivo.

Alguna vez has escuchado a una madre decir: "Oh, ahí va mi exhijo… ¡qué grande está!". O a un hijo decir: "Aquella fue mi madre por 23 años". Por supuesto que no, somos familia y nunca dejaremos de serlo. Esos lazos, aunque necesitan de nuestro cuidado, nunca se romperán. Sin embargo, cuántas veces hemos escuchado: "Ahí va mi expareja, la madre (o el padre) de mis hijos". Esa frase sí es muy común y, desafortunadamente, la escuchamos mucho más ahora en este siglo. ¿Por qué? Pues porque los lazos de unión con nuestra pareja requieren mucho tiempo, esfuerzo y dedicación.

¿Quién ha dicho que el matrimonio es fácil? La convivencia es uno de los retos más intensos que podemos experimentar. Y si a eso le añadimos todos los retos que aparecen al traer hijos al mundo, pues con más razón en ocasiones sentimos que vamos contra la corriente. El divorcio está subiendo como la espuma y las estadísticas aumentan día a día. Pero ¿quiénes queremos ser parte de la minoría que tiene un matrimonio estable? Y todavía mucho más importante: ¿quiénes estamos dispuestas a hacer lo necesario para que esto ocurra?

Alguna vez te has puesto a pensar ¿por qué hoy en día la mayoría de los matrimonios se acaban? O ¿por qué cada vez se nos hace más difícil conocer matrimonios de muchos años? Te confieso que lo he pensado mucho y solo he llegado a una conclusión. Creo que la sociedad hace que se llegue al matrimonio con expectativas irreales. Que nos casaremos con nuestro príncipe azul, viviremos en un castillo y por siempre seremos felices. Si vamos con esa imagen en la cabeza al matrimonio, te aseguro que, antes del año, seremos más infelices que nunca. ¿Por qué? Porque simplemente no es realista.

≈ Los colores del amor ≈

Mi esposo y yo llevamos ya veinte años de relación y te mentiría si te digo que todo ha sido color de rosa... ¡Oh Dios!, ha sido de todos los colores menos rosa. Nos ha tocado ajustarnos y reajustarnos en cada fase que enfrentamos. Pero de algo sí estoy segura, hemos luchado con todo lo que tenemos para seguir caminando juntos.

Recuerdo un día que una amiga me preguntó si mi esposo y yo teníamos discusiones frente a los niños. Lo primero que le pregunté fue qué eran discusiones para ella. Lo que me describió no eran discusiones, según mi opinión, para mí eran conversaciones en las que cada uno expresaba su perspectiva. Mi respuesta fue que sí. Frente a mis hijos hemos tenido conversaciones en las cuales nos damos la oportunidad de escuchar el punto de vista de ambos. Y si una decisión debe ser tomada, por medio de la conversación tratamos de llegar a un acuerdo.

Creo que esto es importante porque nadie nos enseña a ser pareja en un matrimonio. Lo único que tenemos es el ejemplo de nuestros padres… y quién sabe el tipo de relación que ellos tenían. He escuchado tanto el "nunca vi a mis padres discutir" y me pregunto: ¿esto será bueno o estará aportando a esa visión irreal del matrimonio? Si no les mostramos, con ejemplos reales del día a día, a nuestros hijos cómo tener una conversación saludable en la que exponemos nuestro pensar, aunque sea diferente al de nuestra pareja, ¿quién lo va a hacer?

Recordemos que el matrimonio es entre dos personas totalmente diferentes que no piensan igual, lo mismo que sucede en una relación de amigos, de compañeros de trabajo y hasta de hermanos. ¿Quieres a una persona menos porque piensa diferente a ti? Por supuesto que no. Al contrario, nos da la oportunidad de tener conversaciones interesantes sobre un tema. El objetivo no es quién tiene la razón, ya que el orgullo no debe existir en una pareja, el objetivo debe ser llegar a un acuerdo satisfactorio para ambos. Y si nos equivocamos está bien, porque fue una decisión que ambos tomamos.

Mi abuela solía decir: "Primero una buena profesión, luego matrimonio… Así, si tienes que mandarlo a freír papas, lo mandas y ya". No hay duda de que con la evolución que hemos tenido las mujeres, hemos demostrado que podemos sacar adelante a la familia sin tener que estar casadas. Pero mi deseo de luchar por mi matrimonio no es porque no pueda sola, es porque amo a mi pareja y quiero mantener a mi familia unida, y punto.

No me malinterpretes, no soy quién para juzgar a nadie que se ha divorciado. Al contrario, a ellos los veo con respeto y mucha admiración. Se necesita ser muy valiente para tomar la decisión de romper lo que un día pensaron que era para siempre. Provengo de padres divorciados y tengo dos hermanos que también se han divorciado… Y, para ser honesta, los veo más felices ahora que nunca. Pero su felicidad no es porque ya no están en un matrimonio, su felicidad se debe a que no están en un matrimonio en el cual ya el amor no era suficiente para seguir caminando juntos.

Si hay amor entre la pareja, lucha con todo para hacer que funcione. Mostremos a nuestros hijos que en un matrimonio existen diferencias y dificultades, pero si hay amor, siempre sale uno vencedor.

✔ ## Para poner en práctica...

El amor de pareja tenemos que cuidarlo y protegerlo con mucha atención...

1. Aparta tiempo para tu pareja todos los días. Sí, ya sabemos que no tenemos tiempo. Vamos entonces a incluirlo en la rutina diaria. En mi casa, los niños terminan de cenar mucho más rápido que nosotros. Cuando se retiran, mi esposo y yo nos quedamos solos comiendo en la mesa y es cuando tenemos unos minutos para hablar a solas.

2. Para quienes, como yo, tienen dificultades encontrando *babysitter*, busquen en sus contactos y pónganlos en acción. Planifiquen una salida a solas, por lo menos una vez al mes.

3. Cuando salgan a solas, procuren hablar de todo menos de los niños. En estas salidas son pareja y no los padres de...

4. En esas ocasiones en las que quisieras aventarle un sartén (*LOL*... que levante la mano quien nunca lo ha pensado), desconéctate y piensa en los momentos lindos, como cuando se enamoraron.

5. Nunca, pero nunca, se vayan a dormir molestos. Soy una persona que cree mucho en las energías. Cuando nos

acostamos, nuestra propia energía se equilibra y se prepara para el día siguiente. Dormir molestos hace que nuestro cuerpo y alma no descansen apropiadamente, haciendo que estemos desbalanceados al día siguiente.

Tiempo para el trabajo

Qué difícil es encontrar ese balance que tanto buscamos. ¿Cómo sentirnos satisfechas con el trabajo que hacemos en nuestra vida laboral? De igual manera, ¿cómo hacer para asegurarnos que nuestro trabajo no interfiera con el tiempo dedicado a la familia?

Con el avance que hemos logrado las mujeres en el campo profesional, los cargos ocupados en compañías son cada vez más altos. Pero algo que debemos reconocer es que con cargos altos vienen muchas más responsabilidades, lo cual hace que nuestra agenda luzca como la de varias personas combinadas a la vez.

Mi estilo de aprendizaje es visual. En ocasiones, mi agenda luce como un arcoíris. Uso resaltadores de diferentes colores para identificar o calificar el evento. Por ejemplo:

Amarillo = Andrea
Verde = Santiago
Azul = trabajo
Anaranjado = José
Rosado = yo

Te aseguro que es la única manera en que puedo estar segura de que hago todo lo que tengo que hacer. Bueno, como los que me conocen sabe que siempre le busco la parte positiva a todo, lo positivo de este método arcoíris es que hace que mi agenda esté llena de color. ☺

En una ocasión, estaba en un viaje de negocios en el que yo era una de las dos mujeres en la reunión. Al momento de sacar nuestras agendas para coordinar los próximos pasos a seguir, me di cuenta de lo colorida que estaba mi agenda ☺. Te confieso que me sentí apenada. Sin embargo, lo que me dio pena no fueron los colores en mi agenda, sino que el azul (trabajo) abarcaba la mayoría de mis días. Fue en ese momento cuando me di cuenta de que mi trabajo no tenía fin. Fue en ese momento cuando me di cuenta de que no había una división clara entre mi trabajo y mi hogar.

No tener una división clara hacía que mis niveles de estrés aumentaran y me cuestionara cada vez más si estaba haciendo un buen trabajo. La agenda me ayudaba a organizar mi día, asegurarme de que nada se me escapara, pero no me ayudaba a estar PRESENTE en los momentos que tenía que estarlo. Es decir, en las prácticas de tenis de Santiago estaba leyendo y contestando *emails*. O en las noches, en vez de tomarme y disfrutar una taza de té, me encontraba haciendo reportes de productividad para la oficina. Me tomó mucho entender que el trabajo tiene su tiempo y que no importa lo mucho que trabaje, siempre habrá un *email* por contestar. Un día, una persona a la que admiro mucho me dijo que contestar un *email* a las dos de la mañana (desde la casa) o a las nueve de la mañana (desde la oficina) no hacía mucha diferencia, entonces ¿por qué trasnochar?

≈ Cantidad no es calidad ≈

Tomé una decisión que me costó mucho aceptar, pero era crucial para encontrar un balance que funcionara para mí. Me propuse organizarme mentalmente para que las horas de trabajo estuvieran claras: que tuvieran un principio y un final. Es decir, ya en mi agenda no había azul en las tardes. Y esto no significa que fuese una mala empleada o que el trabajo no era importante para mí. Esto solo significa que, para poder balancear todo lo que hago, debo tener claras mis propias expectativas... y la agenda me hizo reconocer que el poder lo tengo yo y que encontrar el balance es mi responsabilidad.

A través de este cambio entendí que la cantidad no hace la calidad. Por lo tanto, no tengo que trabajar diez horas al día para ser una buena empleada. Mi calidad de trabajo no disminuyó; al contrario, mi productividad en la oficina aumentó porque sabía que en la tarde, desde la casa, no podía hacerlo. También entendí que para ser buena madre no tengo que estar en casa las 24 horas del día: si no estoy PRESENTE en el momento que estoy con mis hijos, el tiempo no sirve de nada. En las tardes, mi presencia en la casa aumentó, ya no me perdía los chistes de mis hijos por tener la mente ocupada en otras cosas; al contrario, los entendía y me reía con ellos.

Te confieso que he experimentado lo mejor de los dos mundos. He tenido la oportunidad de trabajar desde casa y también he tenido que salir de casa para trabajar. Y te puedo confesar que una no es más fácil que la otra. A través de mi experiencia, y en combinación con conversaciones con otras madres, he llegado a una conclusión: cualquiera de los dos escenarios es difícil. Establecer límites mientras se trabaja en casa es difícil y tener que salir de la casa para trabajar supone un mundo complicado. Lo único que te puedo asegurar es que el balance siempre será un reto, pero si mantenemos límites que funcionen para nosotras, nuestro sentimiento de logro y éxito aumentará.

Mi mamá siempre me decía: "Da lo mejor de ti en todo lo que hagas". Así que, si soy uno de los tantos árboles en el bosque, pues seré el que mejor sombra dé. Lo que tenemos que entender es que aunque no estamos solas en estos actos diarios nuestra situación es única y particular. En nuestras manos está sacar tiempo para sentarnos, analizar y encontrar lo que funcione para nosotras mismas y nos lleve a hacerlo de la mejor manera posible.

Después de todo, SER MAMÁ es la labor más importante y a la vez más difícil que cualquier mujer puede ejercer. En el mundo del trabajo dicen que nadie es indispensable. Y es muy cierto. En los trabajos las personas vienen y van. Y aunque uno piense que *sin mí la oficina no puede funcionar*, te informo que sí. Alguien vendrá, aprenderá lo que yo hago y lo logrará. Ahora bien, mi labor como madre, esa sí no es reemplazable. Madre, solo hay una, y mi labor con mis hijos es crucial. Siempre recordemos que como madres SÍ somos indispensables y nuestra ausencia tiene un efecto dominó en el hogar.

Todas hemos escuchado la frase: *"Work to live, don't live to work"* [Trabaja para vivir, no vivas para trabajar]. Frase tan cierta y clara como el agua. Luchamos mucho para estar donde estamos. Nos preparamos para hacer lo que nos gusta día a día. Trabajamos porque sabemos que tenemos mucho que ofrecer. Sin embargo, el trabajo no es nuestra razón para abrir los ojos en la mañana. Nosotras, las madres, tenemos la responsabilidad de encontrar ese balance que nos ayude a sentirnos productivas en ambos mundos.

No existe una fórmula perfecta y única que nos ayude a todas a encontrar el balance. ¿Por qué? Porque cada familia es un mundo diferente. Sin embargo, el balance es algo que buscamos porque es necesario para nuestro bienestar. Si encuentro mi balance y me siento bien, mis hijos y mi familia igualmente lo estarán.

Estoy segura de que todas, en algunas ocasiones, nos hemos sentido como malabaristas de un circo. Sí, leíste bien. Constantemente estamos haciendo hasta lo imposible para que las bolas de cristal (nuestras prioridades) no se caigan al piso. Pero sin importar cuánta práctica tengamos en este acto, o incluso que creamos haber hallado el balance, siempre sucede algo que nos hace reevaluar la situación y ajustarnos para encontrar ese balance nuevamente. Es como si estuviéramos en modo *work in progress* [en construcción] constantemente. Porque nada es seguro y fijo… Es decir, así como los proyectos cambian en el trabajo, las diferentes fases y retos que vivimos en la familia también cambian. Sin embargo, lo único seguro de todo es que mantener todas las bolas de cristal en el aire al mismo tiempo es, sin duda, una habilidad y un arte.

✔ *Para poner en práctica...*

Cada malabarista tiene su propia técnica para su acto, pero aquí algunos consejitos para mantener las bolas de cristal en el aire, y no en el piso...

1. Utiliza una agenda. Si algo te puedo recomendar con los ojos cerrados es usar una agenda. La agenda debe ser cómoda y grande, suficiente para que puedas incorporar eventos de todos en la familia.

2. Establece límites. Procura no llevarte trabajo a la casa. Determinar un principio y un fin para el trabajo es crucial para alcanzar nuestro balance. Saber que tu productividad debe mantenerse al 100% mientras estás trabajando te ayudará a sentir que tu efectividad en el trabajo no es afectada al retirarte de tu día laboral.

3. Organiza tu día en el trabajo. Saber cuáles son tus prioridades al llegar a la oficina te ayudará a enfocarte y a terminar proyectos.

4. Sé flexible con tus propias expectativas. Así como te digo que organices tu día de trabajo, en ocasiones aparecen proyectos que hacen que no finalicemos lo que teníamos programado terminar. Detente y reorganiza tu día.

5. Desconéctate. Hoy en día el celular pareciera una extensión de nuestro brazo haciendo que estemos conectados al trabajo en todo momento. Acostúmbrate a apagar o a poner en silencio el celular al llegar a la casa. Esto te ayudará a minimizar distracciones y a concentrarte en la familia. De igual manera, ayudará a tus hijos a no tener que competir constantemente por tu atención.

Sentimiento de culpa

Que levante la mano quien no se ha sentido culpable por lo menos una vez al día. Creo que nadie puede hacerlo. La madre del siglo XXI vive en una lucha constante por combatir ese sentimiento que tanto nos atormenta. Y es que el sentimiento de culpa es como un chip insertado en nuestro cerebro. Ese chip creado por la misma sociedad que hace que tengamos una imagen de la mujer que ya no se ajusta a la vida actual. La culpa es un problema cultural en el que la imagen de la mujer está llena de sacrificios y es quien atiende los intereses familiares antes que los de ella misma (si es que llega a atenderlos).

Como consejera para la salud mental, te puedo asegurar que la mente es muy poderosa, tanto para bien como para mal. Lamentablemente, ese chip mental que tenemos, con una imagen errónea de la mujer, hace que nos castiguemos constantemente. En este momento, te invito a que rompamos las cadenas y dejemos de pegarnos latigazos en la espalda por lo que hacemos o dejamos de hacer.

Algo que nos ayudará poco a poco a cambiar nuestros propios prejuicios es poner las cosas en perspectiva. Busquemos la lógica en lo que pensamos; busquemos la lógica de lo que nos atormenta. Esta es la única manera de darnos cuenta de que muchos de nuestros pensamientos no tienen fundamento. Aquí algunos ejemplos para comenzar a abrir esa puerta que en ocasiones tememos: la realidad.

En el trabajo, por ejemplo, sin importar la razón por la cual trabajamos (ya sea porque nos guste ejercer nuestra profesión o porque económicamente la familia necesita de nuestro ingreso), nos sentimos culpables por no realizar/producir más en la oficina. Pensamos que no somos eficientes porque no podemos quedarnos hasta tarde para terminar un reporte porque tenemos que recoger a nuestros hijos. O que no somos buenas empleadas porque en ocasiones pedimos permiso para salir y participar en una actividad del colegio de los niños. O que no tomamos nuestro trabajo en serio porque no pudimos ir al viaje de negocios, ya que requería más de dos noches fuera de casa.

Ahora bien, ¿le encuentras la lógica a estos argumentos? Te confieso que yo ya no le veo ninguna. Con el tiempo me he dado cuenta de que puedo ser igual o más eficiente que muchos de mis compañeros que llegan supertemprano y se van supertarde de la oficina. Es decir, la cantidad de horas no definen quiénes somos como empleadas; sin embargo, nuestro empeño, calidad en lo que hacemos y rendimiento sí lo determinan.

Ahora hablemos del hogar. Nos sentimos culpables porque no somos las mamás que creemos que debemos ser. Nos cuestionamos y nos juzgamos constantemente por lo que hacemos o lo que no pudimos hacer en casa. Creemos que no somos buenas madres porque nos toca dejar al niño temprano en el colegio para poder llegar a la oficina a tiempo. O que estamos fallándole a nuestros hijos porque no podemos estar en todas las actividades de la escuela. O que somos madres inconscientes porque la práctica de tenis del niño terminó tarde y decidimos parar en un restaurante de comida rápida porque no había tiempo para más. ¿Es esto lógico? Por supuesto que no.

No tenemos que estar en la casa las veinticuatro horas del día para ser buenas madres. Al contrario, lo que nos hace ser buenas madres es la conexión que tengamos con nuestros hijos. Y si en nuestra situación eso se traduce en estar con ellos mientras los transportas de un lado al otro, pues hagamos de ese tiempo uno importante para todos. Borremos esa imagen antigua de lo que una madre debe hacer, porque ya no está acorde con el estilo de vida actual.

≈ Pasarla bien… ¿sin los hijos? ≈

Ahora es el turno de hablar de la culpa que sentimos cuando hacemos algo que disfrutamos, pero no incluye a los niños. Es decir, nos sentimos culpables si salimos solas con nuestra pareja. Y ni mencionemos lo mal que nos sentimos si salimos con nuestras amigas. Pensamos que al hacer esto no tenemos nuestras prioridades alineadas como deben ser porque disfrutamos de pasar un tiempo lejos de los niños. O que somos malas madres porque ¿qué mamá no quiere estar veinticuatro horas al día con sus hijos? O que estamos fuera de lugar porque extrañamos hacer cosas que hacíamos cuando no teníamos hijos, como ir al gimnasio, a yoga, a una clase de flamenco o de pintura.

Aunque estoy segura de que en algún momento todas nos hemos castigado con estos pensamientos, ¿será que le podemos encontrar la lógica? Yo la he buscado por cada ángulo posible y no la encuentro. ¿En qué momento se ha dicho que para ser buena madre hay que ser una madre abnegada y mártir? En ninguno. Para ser buenas madres no tenemos que sumergirnos en nuestro rol al punto de olvidarnos de quiénes somos y de lo que disfrutamos. Procuro siempre recordar que la vida familiar la incorporo a mis días, y no al revés.

¿Te has puesto a pensar qué sueño quieres lograr? Te aseguro que a muchas nos toca detenernos y pensar. Hablar de nuestros propios sueños y aspiraciones es como buscarlos en la parte de atrás en una de las gavetas de nuestro cerebro. Creo que cuando nos convertimos en madres, un botón se apaga y dejamos de soñar. Es como si no estuviera permitido. Pensamos que si seguimos nuestros sueños somos egoístas y no estamos asumiendo bien nuestro papel de madre. Pensamos que con el ritmo de vida que llevamos hoy en día, en el que el tiempo es la constante y siempre carecemos de él, ¿cómo no vamos a querer pasar todo el tiempo disponible con nuestros hijos? Pues bien, te digo cómo me he ayudado a mí misma: recordando que era Jinny mucho antes de ser la mamá de Andrea y de Santiago. Mis hijos no llegaron a mi vida para cambiarme por otra. Mis hijos llegaron a mi vida para llenarla de amor, para enseñarme a ser mejor ser humano y para complementarla.

≈ Los dos tipos de culpa ≈

La culpa nos hace actuar de maneras que sabemos que no son las correctas. Por ejemplo, en ocasiones, la misma culpa nos hace sentir que tenemos que compensar a nuestros hijos por "nuestra falta". ¿Cuántas de nosotras no hemos sido víctimas del impulso de comprarles algo a nuestros hijos cuando nos sentimos mal por algo que hicimos o no hicimos con ellos? Ojo, esta ecuación no está clara en nuestra mente… En ningún momento estamos pensando: le compraré este juego para que me perdone por tener que dejarlo para salir a trabajar o por no haber ido al *show* del colegio o porque estuve de viaje algunos días. Sin embargo, es algo que hacemos de forma inmediata y sin mucha planificación. Y todo como resultado de la culpa irracional que cargamos.

No podemos negar que existen dos tipos de culpa y que ambos resultan en consecuencias diferentes. La culpa positiva y la culpa negativa. La culpa positiva es la que promueve el cambio. La que nos hace detenernos y analizar lo que sucede. Es la que nos hace reaccionar y cambiar lo que no nos gusta o lo que nos hace sentir culpables. Sin embargo, la culpa negativa es la que no es racional y si no la manejamos a tiempo, nos puede desgastar y dañar emocionalmente. Vivir con culpa no es vida. Si vivimos con culpa constante y no la trabajamos conscientemente, nuestra autoestima se afecta y nuestra calidad de ser humano disminuye. La culpa descontrolada puede impedir nuestra propia habilidad para pensar y razonar, haciendo que nuestras decisiones no sean las mejores, lastimándonos día a día.

Te confieso que escribir esta sección del capítulo no fue fácil. Sentía que tenía que pensar dos veces cómo escribir lo que quería decir. No quería que me malinterpretaras, no quería que me juzgaras. ¿Y sabes por qué tenía esta dificultad? Pues porque, aunque estoy consciente de que con mucho trabajo e intención he cambiado poco a poco ese chip en mi cerebro, todavía puedo sentir sus residuos. La culpa es algo mucho más grande de lo que pensamos. La culpa es un problema cultural y nos toca a nosotras, las madres, cambiarlo y convertirnos en partícipes de la diferencia.

✔ Para poner en práctica...

Ser mamá hoy consiste en una imagen renovada, preparada, emprendedora; una que ha tenido que modificar el chip mental para ajustarse a las nuevas exigencias y realidades que vivimos.

1. Acepta. Reconoce y acepta que ser mamá hoy no es ni mejor ni peor que antes, es simplemente diferente. Que el progreso que hemos logrado en la sociedad ha resultado en un ajuste, tanto en el ámbito personal como cultural.
2. Concientízate. Entiende que la culpa es producto de la imagen "ideal", y no la "real", de lo que creemos que debe ser una mamá. Reconoce que cambiar el chip lleva tiempo y mucha labor. Detén de forma inmediata cualquier pensamiento ilógico que llegue a tu mente que te haga sentir mal con lo que estás o no haciendo. Eres la experta en tu vida y nadie lo pudiera hacer mejor que tú.
3. Calidad *vs.* cantidad. No te dejes abrumar por el "poco" tiempo que pases con tus hijos, enfócate en aprovechar al máximo y

darle valor al tiempo que sí tienes con ellos. Para disfrutarlos no existen parámetros ni reglas a seguir.

4. Tus hijos, tus cómplices. Involucra a tus hijos cuando quieras disfrutarte a ti misma y salir de casa sin ellos. Te confieso que mi sentimiento de culpa disminuye casi al punto de desaparecer cuando escojo con ellos el día que nos convenga a todos. Es decir, me aseguro de que no hay prácticas importantes o fiestas de cumpleaños. También le pido a Andrea que me ayude a escoger qué vestido ponerme o qué zapatos usar. Esto hace que hasta ella se sienta contenta de que saldré de casa.

5. Tecnología. Utiliza la tecnología a tu favor. Habla con otras madres del colegio para que te graben los eventos de la escuela a los que no pudiste acudir. De esta manera, al recoger a los niños del colegio sabes detalles importantes del evento. Mi esposo me ha llamado hasta en FaceTime para poder ver la presentación de la niña en la escuela mientras yo estaba en la oficina. ¿Tecnología? No tengamos miedo de usarla.

≈ 2 ≈

Disciplina

La disciplina es como el iCloud... todos sabemos que existe, pero nadie entiende exactamente cómo funciona.

JINNY

Los niños no vienen con un manual de instrucciones; eso lo tenemos muy claro. Pero ¿te imaginas qué maravilloso sería si pudiéramos encontrar un botón de *off* [apagado] y usarlo siempre que fuese necesario? Rabietas: *off*; volteada de ojos: *off*; contestaciones insolentes. *off*. Y aunque pudiéramos seguir añadiendo cosas a la lista... ¿para qué hacerlo si sabemos que estamos soñando despiertas? La disciplina es tan compleja que lo que te funciona con un niño, no te funciona con el otro. O mejor aún, lo que te funcionaba con tu niño hace seis meses, ya no te funciona hoy.

Límites

Todo ser humano necesita límites para poder crecer y desarrollarse saludablemente. Pero, como madres, siempre nos preguntamos: ¿cómo establecer esos límites sin llegar al extremo?, ¿cómo establecer esos límites entendiendo los cambios que hemos vivido en la sociedad? Hoy en día vivimos en un mundo tan diferente que los límites que nosotras teníamos a la edad de nuestros hijos ya son antiguos y no son ni válidos ni efectivos. Es por eso que a la mayoría de nosotras se nos hace un poco difícil establecer los límites, porque, en realidad, estamos escasas de ejemplos a seguir.

Así como con todo lo que hacemos, nuestras acciones se convierten en una relación de causa-efecto. La manera en que establecemos límites y normas depende de nuestro estilo parental. Y ese estilo parental es lo que influye en la conducta de nuestros hijos. Es decir, nuestro estilo de crianza tiene efectos en el comportamiento posterior de nuestros hijos.

Te invito a que, mientras lees el resto de esta sección, trates de identificar qué estilo utilizas. Esta es una de las secciones del libro en la que no podrás leer y listo. Esta sección promueve una autoevaluación que nos hará estar conscientes de nuestro estilo y de cómo actúan nuestros hijos en respuesta a este.

≈ Estilos parentales ≈

Tenemos que reconocer que nuestro estilo parental puede ser evaluado por dos aspectos cruciales: control y afecto. ¿Cuánto control queremos imponer sobre nuestros hijos? y ¿cuánto afecto les damos a nuestros hijos? Estos dos aspectos son los que describen los cuatro tipos de estilos parentales: autoritario, permisivo/indulgente, negligente/indiferente y democrático.

Para cada estilo de crianza hablaré de un mismo ejemplo para mostrarte la posible respuesta de la madre que practique un estilo en particular. Sé que, de esta manera, la diferencia entre los estilos será mucho más clara y comprensible.

> **EJEMPLO:** Tu hijo adolescente quiere quedarse a dormir el fin de semana en casa de un amigo, pero sospechas que una fiesta "por debajo de la mesa" está en la agenda.

AUTORITARIO: El estilo autoritario es aquel en el que se tiene alto control y bajo afecto.

$$\uparrow \text{control} + \downarrow \text{afecto} = \text{estilo autoritario}$$

Las madres: Con este estilo, las madres creen firmemente en tener reglas claras y recurrir al castigo cuando no son obedecidas. Entienden que la responsabilidad de los hijos es obedecer las reglas y nunca cuestionarlas o negociarlas.

Ejemplo: Una madre de estilo autoritario podría decir: "NO, por supuesto que no… Y cuidadito con que me entere de que me dices mentiras para poder ir a esa casa, porque vas a estar en tremendo problema".

Los hijos: Con este estilo, los niños suelen ser muy tímidos, carecen de espontaneidad y sufren de baja autoestima.

PERMISIVO/INDULGENTE: El estilo permisivo o indulgente es aquel en el que se tiene bajo control y un alto afecto.

↓ control + ↑ afecto = estilo permisivo

Las madres: Con este estilo, las madres son muy amorosas y creen firmemente en la importancia de no lastimar la esencia del niño. El resultado es que demandan poco de ellos. Suelen ser muy complacientes y quieren convertirse en las mejores amigas de sus hijos.

Ejemplo: Una madre de estilo permisivo podría decir: "Sí, claro que puedes ir y quedarte... Disfruta y ya sabes... ten cuidado".

Los hijos: Con este estilo, los niños suelen carecer de autodisciplina, ser de "alto-mantenimiento" en sus relaciones y se sienten inseguros y confundidos por el desbalance entre mucho afecto y poco límite.

NEGLIGENTE/INDIFERENTE: El estilo negligente o indiferente es aquel en el cual se tiene bajo control y bajo afecto.

↓ control + ↓ afecto = estilo negligente

Las madres: Con este estilo, las madres simplemente demandan poco de sus hijos y, a la vez, les dan poco a sus hijos. La indiferencia puede ser tanta que pueden llegar a verse casi como "invisibles" en la ecuación entre madre e hijo.

Ejemplo: Una madre de estilo negligente podría decir: "Como quieras".

Los hijos: Con este estilo, los niños suelen percibir que los padres están más interesados en sí mismos y en sus propias prioridades, lo que desemboca en sentimientos de soledad, miedo y ansiedad.

DEMOCRÁTICO: El estilo democrático es aquel en el que se tiene alto control y alto afecto.

↑ control + ↑ afecto = estilo democrático

Las madres: Con este estilo, las madres mientras mantienen control y autoridad, también demuestran afecto y comunicación. En otras palabras, fomentan la disciplina y el respeto, pero a la vez entienden la importancia de escuchar a sus hijos y promover su independencia.

Ejemplo: Una madre de estilo democrático podría decir: "Para ser honesta, no me gustaría que te quedaras a dormir ahí el fin de semana; sin embargo, estoy dispuesta a llevarte y recogerte los días que quieras ir".

Los hijos: Con este estilo, los niños suelen estar muy bien balanceados emocionalmente; en el futuro, son felices y exitosos en sus relaciones.

Amiga, ¿te pudiste identificar con un estilo? O tal vez ¿te viste en todos ellos? Ahora bien... así como diría el Chapulín Colorado: "Que no panda el cúnico" (que no cunda el pánico). Recuerdo cuando estaba terminando mi licenciatura y estudiaba el *Manual diagnóstico y estadístico de los trastornos mentales* (*Diagnostic and Statistical Manual of Mental Disorder* – DSM); tanto mis compañeros como yo sentíamos que teníamos o tuvimos en algún momento todos los trastornos que estudiábamos. Es normal que en diferentes momentos y circunstancias nos identifiquemos con todos los estilos.

Lo importante es saber que el estilo de crianza más saludable es el democrático. Manteniendo un buen balance entre los límites y la disciplina y el afecto y los niveles de comunicación con nuestros hijos. Sin embargo, no nos desanimemos. Sin importar en el que nos ubiquemos en estos momentos, ya sea que nos identifiquemos con una mezcla de todos los estilos o con uno que ahora sabemos no es el más efectivo de los estilos de crianza, la clave está en ser conscientes. Estar conscientes es el paso más importante en el proceso del cambio. Recordemos que, con mucha dedicación, podremos implementar el estilo de crianza que sabemos que es el más beneficioso para nosotras y para nuestros hijos.

≈ El balance entre control y afecto ≈

Manteniendo un compromiso real con nosotras mismas y teniendo siempre la visión del tipo de madre que queremos ser para nuestros hijos, tendremos la fuerza para seguir trabajando y caminar hacia donde queremos llegar. Con mucha dedicación, podremos llegar a mantener una relación con nuestros hijos en la que los caminos de la comunicación estén abiertos sin ninguna interrupción y, al mismo tiempo, establecer límites de una manera saludable sin lastimar la relación entre ambos, esa relación que tanto anhelamos.

Tengo amigos de diferentes edades, algunas veces mayores, otras menores que yo; y te confieso que esto de mantener un balance entre el control y el afecto con nuestros hijos no es tarea fácil. Especialmente cuando nuestro propio pasado no apoya ese balance. Es decir, en mis tiempos de niñez, el amor que me tenían mis padres me lo mostraban de una manera totalmente diferente a como se lo muestro a mis hijos hoy en día. Y para mi esposo, que es diez años mayor que yo, la diferencia es mucho más marcada.

Es por eso que está en nosotras marcar la diferencia. Es momento de romper con los esquemas y parámetros que conocemos y comenzar a marcar nuestra propia huella. Una huella en la vida de nuestros hijos, en la cual la intensidad de nuestra conexión es lo que nos mantendrá unidos por el resto de nuestras vidas. Cada etapa de desarrollo con nuestros hijos es diferente, llena de momentos maravillosos al igual que plagada de muchos retos. Pero depende de nosotras mantener el balance y apoyarnos siempre en el respeto y el amor hacia ellos.

Recuerdo hace unos años, cuando mi hija Andrea ya mostraba señales de la adolescencia… Sí, esas señales que sientes que te jalan de los pelos, esas volteadas de ojos, contestaciones o miradas como diciendo: "Tú no sabes nada". Fue en ese momento cuando me senté a hablar con ella y le dije que comprendía los cambios que estaba experimentando. En esa misma conversación también le dejé saber que nuestra casa es nuestro templo y que no estaba dispuesta a vivir en tensión a causa de ellos. Le dejé saber que, simplemente, no era justo ni para mí ni para su papá ni para Santiago que viviéramos en constante choque.

Entonces, le propuse algo: el trato consistía en que, como madre, sabía que tenía que hacerme de la vista gorda con muchas cosas, porque si no estaría peleando con ella 24/7; sin embargo, en el momento en que sintiera que se le estaba pasando la mano o que yo me estaba exaltando, yo le iba a decir: "Está bien Andrea, está bien". Esas palabras nos servirían de señal a ambas para saber que necesitábamos un momento a solas para recapacitar, porque no estábamos llegando a nada.

Cada familia es diferente. Cada relación es diferente. No digo que esta sea la solución perfecta; sin embargo, te aseguro que sí es el sistema perfecto para mí y para mi hija. Es la manera ideal para que ambas tengamos la oportunidad de respetarnos y de darnos espacio, para luego poder conectarnos y continuar con una conversación productiva. Cualquiera que sea nuestra técnica, la clave es estar presentes y tener como motivación llegar a ser el tipo de madre que siempre soñamos ser para nuestros hijos.

✔ Para poner en práctica...

Establecer límites y reglas sin el componente educativo es como ver una película italiana sin los subtítulos en español.

1. Autocontrol. No importa lo molestas que estemos por lo que hicieron o no nuestros hijos, el manejo de nuestras emociones marcará la diferencia. Si les gritamos o les hablamos con furia, quizá resulte en un cambio de comportamiento en ellos, pero por las razones equivocadas. Es decir, el cambio sucede

como resultado del miedo a nuestra reacción y no por un entendimiento del porqué su comportamiento fue inapropiado.

2. Las reglas no están sobre un patín, no se pueden cambiar así porque sí. No le vamos a pedir a nuestros hijos que obedezcan hoy una regla y mañana no. Nuestra perseverancia es crucial para hacer que la regla sea respetada y entendida.

3. Ahora es el momento. Mientras más rápido actúas, más efectiva es tu intervención. Por ejemplo, si el niño hace algo inapropiado, no debes hablar de lo sucedido tres días más tarde y esperar que el niño capte e internalice lo que le dices. Simplemente, no es efectivo.

4. Escoge tus batallas. Aceptemos que, como madres, tenemos que hacernos de la vista gorda en algunas ocasiones, porque si no lo hacemos nos encontraremos regañándolos todo el día. Y esto no es solo agotador, sino que hace que los niños se vuelvan inmunes a los regaños, perdiendo el efecto en los momentos de mayor importancia.

5. Técnicas. Las técnicas que implementamos con nuestros hijos para corregir comportamientos inapropiados son el resultado de nuestras experiencias, nuestra cultura y de dónde venimos. Sin embargo, las técnicas que pongas en práctica deben ser las que, al final del día, reflejen una diferencia real en el comportamiento del niño, sin afectar el respeto ni la autoestima.

El NO que todas tememos

Para comenzar la conversación, creo que es necesario hacernos la pregunta: ¿con qué frecuencia le decimos que NO a nuestros hijos? Te digo con mucha seguridad que no hay juicio en esto, pero qué difícil se nos hace, ¿no? ¿Te has preguntado por qué nos cuesta? ¿Por qué, o a qué, le tememos tanto?

Encontrar las respuestas a estas preguntas no es tarea fácil y quizá es por eso que muchas veces evitamos detenernos a pensar en lo que nos está sucediendo como sociedad. Sin embargo, debemos tratar de ser conscientes y romper con ecuaciones "ilógicas" que tenemos plantadas en nuestra cabeza y que influyen en nuestras decisiones como madres. Entiendo que para analizar apropiadamente este tema una autoevaluación es más que necesaria. Así que te invito a que seas honesta contigo misma e identifiques lo que puede estar influyendo en tus decisiones.

Creo que el pensamiento más común entre la mayoría de nosotras es "Es que yo nunca lo tuve". ¿Cuántas veces llegamos a la casa y nos sentimos tan felices porque le hemos comprado a nuestros hijos algo que era casi imposible tener cuando teníamos su edad? No quiero decir que nuestros hijos no sean agradecidos, pero ¿y si no lo valoran tanto como nosotras? Lo más seguro es que la respuesta sea *no, no lo valoran igual*, simplemente por el hecho de que ellos no tienen la misma historia que nosotras. Es decir, comprarles eso en particular, que no tuvimos cuando pequeñas, tiene significado para nosotras, pero no para ellos.

Durante las navidades, por ejemplo, cuando era niña, solía escribir mi lista de regalos… y no era modesta, al contrario, podía ser tan larga como la cantidad de anuncios que veía en la televisión. Me imagino a mis padres sufriendo cada vez que salía una muñeca nueva en la tele porque sabían que iba a terminar escrita en la lista. Sin embargo, el 25 de diciembre, debajo del árbol, siempre tenía un solo artículo de la lista. Y te confieso que, aun sabiendo que era uno solo, me levantaba con la misma ilusión para abrir mi regalo y sorprenderme al saber cuál de los pedidos de mi lista tendría. Sin embargo, hoy en día nos esforzamos por conseguirles si no todo lo que pidieron, lo que más podamos, y al final del día tienen tanto, que no saben ni con qué jugar.

Otra cuestión que puede estar influenciando nuestra dificultad para decir NO a nuestros hijos es la presión social. Lamentablemente, vivimos en un mundo donde los muchachos, de manera inconsciente, se empiezan a comparar los unos con los otros, y eso provoca que uno no quiera que se sientan mal al hacerlo. Por ejemplo, recuerdo que cuando por fin nos decidimos a darle un teléfono celular a Andrea sentíamos la presión sobre el tipo de teléfono que le conseguiríamos. Todas sus amigas tenían versiones del último modelo del iPhone y hasta del iPhone Plus... Recuerdo decirle a mi esposo: "¿Cómo es posible que Andrea vaya a tener un teléfono tan costoso?". Ojo, Andrea no me estaba exigiendo ningún modelo; sin embargo, sabía que tendríamos que darle un modelo que no fuera tan prehistórico. Y así, de esta manera, sin exigencias, terminamos envueltas en una nube de expectativas que nos empuja a hacer cosas que nunca habíamos pensado hacer.

Y siguiendo en la misma línea de pensamiento, hablemos de los juegos electrónicos. Que levante la mano quien no ha vivido lo siguiente: se compra un equipo de juego electrónico y en menos de un año sale una nueva versión. Y lo peor de todo es que con el lanzamiento de la nueva consola salen los juegos más espectaculares. Sí, esos mismos juegos que no puedes usar en la consola anterior, solo en la nueva... Como queriendo decir "o me compras o me compras". Y por más que intentes alargar la compra, es decir, conectarla con la próxima festividad (cumpleaños, Navidad, graduación), terminas pagando algo que no estabas lista para adquirir.

≈ ¿Y si no aceptan mansamente un NO? ≈

Otro de los pensamientos que hace que nos alejemos de la palabra NO es el temor a la posible reacción que pueda causar en nuestros hijos al escucharla. Y esto lo podemos ver hasta en los supermercados, donde vemos al niño llorar porque quería algo en particular y al escuchar esa palabra escalofriante (*LOL*), hace hasta lo imposible para llamar nuestra atención, hacer que cedamos y terminemos comprándolo. Gritos, llantos, tiradas al suelo, corridas por la tienda, por mencionar solo algunas cosas.

Y seamos honestas, en ocasiones tenemos la disposición y paciencia para lidiar con lo que se nos presente. Sin embargo, la mayoría de las veces estamos cansadas, queremos llegar a la casa y, sobre todo, no queremos que los demás nos miren con ojos penetrantes. Sí, esas miradas de las que todas hemos sido víctimas en algún momento; esas miradas que dicen: "¿Cómo es posible?, ¿no puedes controlar a tu niño?, ¡qué mala madre eres por dejarlo llorar de esa manera!". En fin, para evitar todo esto solemos ceder y terminar nuestra compra en paz y armonía. Es decir, en momentos así es mucho más fácil decir SÍ.

Y cuando digo en paz y armonía, me refiero a que, externamente podemos terminar lo que queremos terminar sin mucha interrupción. Sin embargo, internamente estamos luchando con nosotras mismas porque sabemos que no debimos ceder. La misma lucha que experimentamos cuando decimos NO a un pedido y escuchamos un: "… pero la mamá de fulano le dijo que sí" o "… fulanito lo tiene y es mucho menor que yo". No importa lo claras o decididas que estemos a no ceder en algunos aspectos; estas comparaciones y respuestas de nuestros hijos nos hacen pensar, dudar y luchar internamente. ¿Por qué? Porque en esos momentos es como si nos tocara explicar nuestra decisión versus la decisión de las otras familias. Te confieso que no importa cuán razonable sean nuestra decisión y explicación, seremos las menos *cool* de la película.

La última variable que considero que juega un papel fuerte en nuestra dificultad de decir NO es la creencia de que tenemos que compensarlos por lo que hacemos o dejamos de hacer con ellos. Por ejemplo, nos sentimos mal porque los dejamos muy temprano o los recogemos muy tarde del colegio. O porque no podemos participar en cada actividad escolar. O porque no podemos ir a la excursión de la escuela. O porque nos toca trabajar a tiempo completo. O porque no los podemos recibir con comidita caliente al regreso del colegio. En fin, por no hacer cosas que dentro de nuestra cabeza consideramos que "deberíamos" hacer como madres, sentimos que debemos compensarlos. Y que, al decirles que NO, estamos siendo injustas y los estamos lastimando o privando de algo.

Hoy en día, vivimos con una presión constante por complacer a nuestros hijos. Sin embargo, independientemente del porqué no usamos mucho el NO con nuestros hijos, debemos tener muy claro que esa postura no es sinónimo de su felicidad. Y es ahí donde está la clave. Una cosa es mimarlos, consentirlos y hasta premiarlos; pero otra cosa es equivocarnos al pensar que son más felices si decimos que SÍ a todo lo que piden.

✔ **Para poner en práctica...**

Lo que hagamos con nuestros hijos hoy, formará al ser humano del mañana.

1. Dile adiós a la culpa. Solo así podremos ver con claridad lo que queremos lograr y enseñarles a nuestros hijos. La culpa nos hace pensar de manera ilógica, afectando nuestras decisiones.

2. Ten tus razones claras. Cuando es algo en lo que sabes que no vas a ceder, es porque estás convencida de que es lo mejor para ellos. No te dejes llevar por las *reacciones a tu respuesta,* sino por las *razones de tu respuesta.*

3. Mantén la calma. Decir NO no tiene que convertirse en una guerra. No importa la reacción que recibamos, nuestro manejo de la situación determinará lo efectivo de nuestra respuesta. De nada sirve haber dicho que no a algo y después de una llorada de nuestros hijos decirles que sí.

4. Enfócate en lo positivo. Todo ser humano reacciona mejor si lo que se le presenta es de forma positiva. Por ejemplo, en vez de decir: "No te voy a comprar un celular"; tendremos mejor reacción si decimos: "Sí, vas a tener un celular, lo que tenemos que discutir es cuándo y las responsabilidades que conlleva tenerlo".

5. Sé práctica. Como sucede con todo en la vida, la práctica hace la perfección. Mantén un buen balance entre el SÍ y el NO. De esta manera, nuestros hijos aprenderán a lidiar con el NO, disminuyendo su frustración.

Comunicación

Independientemente de la edad de nuestros hijos, la comunicación es la clave para llegar a ellos. Sin embargo, hay que cultivarla desde que son pequeños para crear confianza y respeto hacia la misma. Si no trabajamos en tener una buena comunicación con ellos desde niños, no podemos esperar tenerla en momentos de retos y dificultades. Para mí, la comunicación es como cuando hacemos una excursión a las montañas: seguimos el camino ya marcado en el suelo. Un camino que, aunque llueva, sigue marcado para poder usarlo como guía. La comunicación tiene que estar marcada por muchos años para que ese camino siga abierto, aun en los momentos más delicados de nuestra relación.

En ocasiones, cuando hablamos de tener una buena comunicación con nuestros hijos, inmediatamente pensamos en esas conversaciones trascendentales y difíciles de tener. Pero quiero que comencemos a cambiar los lentes con los que miramos este aspecto tan importante en nuestra relación con ellos. Como dicen por ahí: "¿Cómo la hormiga se comió el pastel? Pedacito a pedacito".

La comunicación se construye día a día y con cada interacción que tenemos con nuestros hijos. Es decir, la base de una buena comunicación no surge cuando nos sentamos en el sofá a hablar de algo en específico, sino que se forma en cada pequeño intercambio de ideas que tenemos con nuestros hijos. Solo de esta manera haremos que se sientan cómodos viniendo a vernos para tener esas conversaciones importantes que queremos que solo tengan con nosotras.

≈ Aprende a escuchar y a no juzgar ≈

Lo primero que tenemos que hacer es aprender a escucharlos. Muchas veces estamos tan preparadas o hasta entrenadas para resolverlo todo que creemos que debemos tener una respuesta a todo lo que nos dicen. Suena fácil y hasta un poco tonto decirlo, pero no todo el mundo sabe escuchar. Pensemos en las conversaciones con nuestras amigas. Las escuchamos, pero no podemos negar que, en ocasiones, mientras la otra persona habla, ya estamos pensando lo que les vamos a decir. O estamos impacientes por contar nuestra historia o dar nuestra opinión o nuestro consejo.

Escuchar no es algo que se hace solo con los oídos, también lo hacemos con nuestro lenguaje corporal. Escuchamos físicamente cuando nuestro cuerpo se acerca al de ellos, cuando los miramos a los ojos, cuando les damos toda nuestra atención. De igual manera, las expresiones faciales son importantes; una sonrisa de vez en cuando mientras escuchas o mover la cabeza asintiendo les dejan saber que estás siguiendo la conversación. Te exhorto a que pongas atención a tu lenguaje corporal cuando tengas una conversación con tus hijos. Te vas a sorprender al ver cómo mostramos, de manera inconsciente, reacciones o gestos que pueden desmotivarlos. Por ejemplo, cruzarnos de brazos, dejarnos distraer con la mirada, mostrarnos impacientes por decir algo o interrumpir.

Otro aspecto importante que debemos tener en cuenta cuando estemos hablando con nuestros hijos es no juzgarlos. Al juzgarlos y tener nuestra propia opinión del asunto se nos hace imposible ponernos en sus zapatos. Reconocer y valorar cómo se están sintiendo es crucial para fomentar su confianza en nosotras. En ocasiones, queremos que se sientan bien inmediatamente y, sin darnos cuenta, estamos minimizando sus sentimientos. Por ejemplo, cuando les decimos: "Ay, no te pongas así, eso es una bobería". Desafortunadamente, esto hace que se sientan juzgados y hasta solos, porque piensan: "Nadie me entiende". Entenderlos y apoyarlos hace que los hijos sepan que son importantes y que hablar con nosotras es seguro.

≈ No a los sermones, sí a la verdad ≈

Evitar un monólogo de nuestra parte es crucial para mantener los caminos de la comunicación abiertos. Recordemos que la conversación se basa en un intercambio de ideas de ambas partes. Y aunque las opiniones sean distintas, ambos lados son escuchados y respetados. En ocasiones estamos tan enfocadas en la búsqueda de ese *teachable moment* [momento de enseñanza], que creemos que tenemos que dar un sermón para marcar una diferencia o llegar a ellos. Lo que no nos damos cuenta es que con los sermones los alejamos cada vez más. Si cuando hablamos con nuestros hijos ese acto se vuelve una clase para ellos, la conversación se pierde al hacer que se desconecten e ignoren la mayor parte de lo que decimos.

Soy fiel creyente de siempre hablarles con la verdad y de asumir la responsabilidad que esto conlleva. Para fomentar la confianza, nuestros hijos deben saber que siempre que se acerquen a nosotras recibirán nada más que la verdad. De esta manera, no solo se sentirán a gusto al hablar con nosotras, sino que también sentirán la necesidad de hacerlo. Y cuando digo "asumo la responsabilidad" es porque, en ocasiones, y no es un secreto para nadie, es más fácil decir una mentirita que tener que lidiar con la consecuencia de la verdad.

Recuerdo cuando Luna, nuestra primera perrita, se enfermó a solo unas semanas de haberla traído a la casa. Nos tocó dejarla en la clínica porque estaba muy delicada. Sin embargo, la perrita era muy cachorrita y no pudo combatir el virus, y murió al día siguiente. Mientras Andrea estaba en el colegio, mi esposo y yo hablábamos sobre qué decirle. Explorábamos todo tipo de mentiritas para evitar el dolor en ella. Sin embargo, sabía que Andrea no se merecía una mentira y decidimos irnos por la ruta de la verdad. No tengo palabras para describirte el dolor que sentí al verla sufrir de esa manera (tanto que hasta dudé de la decisión), pero le dimos la oportunidad de juntos, como familia, sufrir y despedir a Luna.

No miento cuando te digo que hasta el sol de hoy Andrea habla de lo agradecida que está porque le dijimos la verdad. Estoy más que convencida de que este acto de recibir la verdad de nosotros, aunque nos dolía, ayudó a que Andrea nos viera con otros ojos. Ayudó a que nos viera como su fuente de claridad y balance… porque la ayudamos a asimilar la verdad y a canalizar sus sentimientos. ¿Que haberle dicho una mentira hubiera sido mucho más fácil? Por supuesto que sí. Pero ¿qué hubiéramos ganado cuando después se enterara de la verdad? Solo sentimientos de traición, enfado, coraje y dolor, por solo mencionar algunos.

No nos podemos olvidar de la importancia de ofrecer a nuestros hijos comentarios positivos mientras hablamos con ellos. Por ejemplo, si lo que te está contando es su preocupación sobre lo difícil que se le está haciendo una clase en particular en la escuela, un comentario positivo sería: "Estoy segura de que puedes lograrlo" o "yo he visto lo mucho que te esfuerzas y por eso estoy muy orgullosa de ti". De igual manera, independientemente de lo que te estén contando, reforzar ese momento de buena comunicación entre ambos es necesario para promoverlo.

Tener una buena comunicación con nuestros hijos es necesario para conectarnos con ellos de modo personal. Todos estos detalles son indispensables para la formación de la confianza. Esa confianza que hará que las vías de comunicación comiencen a marcar el camino para que siempre se mantengan abiertas, a pesar de cualquier reto o circunstancia que se presente. Si nos enfocamos en establecer y mantener una buena comunicación con nuestros hijos en el día a día, los ayudaremos a sentirse aceptados, seguros de sí mismos y cómodos al hablar con nosotras. Todo esto hará que en los momentos de duda y en conversaciones mucho más cruciales (como lo son las drogas, el acoso o intimidación en la escuela, la atracción sexual, los trastornos alimenticios, los sentimientos de tristeza, por mencionar algunas) recurran a nosotros para la información correcta, y no a las redes sociales o a amistades que nadie sabe de dónde sacaron la información que poseen.

✔ Para poner en práctica...

Una buena comunicación con nuestros hijos es la base de una buena relación con ellos.

1. Aparta tiempo. Dejémosles saber a nuestros hijos que no importa cuán ocupadas estemos, siempre tenemos tiempo para hablar con ellos. Que no importa cuán ocupadas estemos, no hay nada más importante que lo que tengan que decirnos. Solo de esta manera se sentirán cómodos al hablarnos.

2. Escucha. Controlar nuestro impulso de interrumpir y dar nuestra opinión o de tratar de decirles lo que tienen que hacer es crucial para fomentar la confianza necesaria, la cual abrirá las puertas de la comunicación. Recordemos que debemos escuchar para entender y no para responder. No le temamos al silencio.

3. No critiques. No juzgar es necesario para abrir los caminos de la comunicación. No importa cuán simple o complicado sea lo que nos estén contando, aceptarlo, sin imponer nuestros pensamientos, hace que se sientan respetados y aceptados.

4. Muestra interés. Demostrar que nos interesa lo que nos están confiando promueve la comunicación día a día. Usar todos tus sentidos, mirarlos a los ojos, reflejar emoción ante sus palabras, parafrasear lo que nos dicen son solo algunas de las maneras de demostrarlo.

5. No hagas que compitan por tu atención. Eliminar todo tipo de distracción cuando se está hablando con ellos es necesario para poder conectarse. Y si no puedes atenderlos inmediatamente, déjales saber que, tan pronto termines lo que estás haciendo, te sentarás a hablar. Esta honestidad será apreciada porque sabrán que tu atención no estará dividida.

Responsabilidad

La responsabilidad es crucial para tener una vida de bien. Como madres, tenemos la tarea de enseñarles que todo lo que hacemos, por más pequeño que sea, tiene su consecuencia y que debemos ser responsables de nuestros actos. Y cuando hablo de consecuencia no significa algo negativo. Si analizamos nuestro día, todo lo que hacemos, o no hacemos, es el resultado de nuestra inclinación a repetir un determinado comportamiento o no.

Son esas experiencias a temprana edad las que nos hacen entender la ecuación de causa y efecto. Comencemos con un ejemplo clásico por el cual todas hemos pasado. ¿Qué pasa cuando un bebé llora? La madre responde, ya sea cargándolo, dándole de comer, cambiándole el pañal…, por solo mencionar algunas opciones. Otro ejemplo puede ser: ¿qué pasa cuando a un niño se le cae una cuchara al suelo? La madre la recoge, la limpia y se la da de vuelta. ¿Y después? El niño la vuelve a tirar. Lo ve como un juego porque sabe que podemos seguir haciéndolo hasta que nos cansemos… y más si esto genera unas carcajadas en el proceso.

De igual manera sucede cuando el niño hace algo inapropiado y basado en el efecto que su comportamiento produce, disminuye su repetición (o por lo menos así lo deseamos… *LOL* ☺). Un ejemplo es cuando el niño no quiere compartir con otros niños. Lo primero que hacemos es explicarle que *sharing is caring* [compartir es demostrar interés]. Palabras que no significan absolutamente nada para ellos, pero que adquieren sentido cuando ven nuestra reacción de desaprobación y propician la oportunidad para explicarles. Otro ejemplo es cuando el niño descubre el mundo mágico de las crayolas y decide pintar las paredes en vez del papel. Cualquiera que sea nuestro estilo de disciplina, por nuestra reacción el niño podrá entender que ese no es un comportamiento que aprobamos.

Entonces, es a través de las consecuencias (que cualquier comportamiento puede generar) que el niño entiende y puede o no ser partícipe en su repetición. Imaginemos por un momento un mundo sin consecuencias. Simplemente, no habría parámetros, no habría guía a seguir, no sabríamos ni cómo actuar. En otras palabras, las consecuencias son necesarias.

≈ La fina línea entre proteger y sobreproteger ≈

Que no haya consecuencias representa un desafío para el desarrollo de la responsabilidad en todo niño. De igual manera, el no darles la oportunidad de actuar puede representar otro reto. ¿Que a qué me refiero? Bueno, que levante la mano la madre que nunca ha sentido lo siguiente: "Soy muy buena, pero me vuelvo una fiera si me tocan a mis hijos". Creo que todas en algún momento u otro nos hemos identificado con ese sentimiento. Y entiendo que como madres es totalmente normal. Un hijo es el mejor regalo que hemos podido recibir y ¿quién no lo va a cuidar al máximo? El detalle está en que hay momentos en que cruzamos la línea entre la protección y la sobreprotección.

Protección significa cuidar para evitar un daño. Toda madre cuida a sus hijos para evitar que se lastimen o sufran. Especialmente cuando tenemos ese sexto sentido a flor de piel, con el que pareciera que poseemos un radar para percibir el peligro. Recuerdo cuando Andrea (nuestra primogénita) era pequeña y estaba en los columpios en la casa de mi hermana. La vi y enseguida pensé: "Se va a caer de espaldas…". Te aseguro que tan pronto lo pensé, la niña se cayó de espaldas. Tengo que confesar que, mientras corría a recogerla del suelo y calmarla, me sentía molesta conmigo misma porque sabía que se podía dar un golpe y no reaccioné a tiempo. Son estas situaciones las que nos hacen estar cada vez más pendientes de ellos.

Sin embargo, *sobreprotección* no es cuidar mucho. Sobreprotección es llegar al extremo, es no darles oportunidad de actuar, explorar, crecer. La sobreprotección se está haciendo cada vez más común, especialmente con las cosas que pasan a nuestro alrededor todos los días. Es importante reconocer que, aunque es muy fácil cruzar esa línea frágil entre la protección y la sobreprotección, es muy difícil darse cuenta de que se ha cruzado. En otras palabras, en la mayoría de los casos las madres sobreprotectoras no se dan cuenta de que lo son. Es por eso que depende de nosotras mismas detenernos y analizar: "¿Será que estamos envolviendo a nuestros hijos en un plástico de burbujas?".

¿Alguna vez has escuchado el concepto de "madres helicóptero"? Son las madres que, así como un helicóptero, dan rondas constantemente para saber qué hacen sus hijos, intervenir, protegerlos y hasta actuar por ellos. Estas son las madres que no tienen límite cuando de "luchar contra quien sea por defender a sus hijos" se refiere. Son las madres que prefieren marcar el camino para que los hijos lo sigan, en vez de dejar que ellos marquen su propia y nueva huella. Las madres que incluso sacan a sus hijos de cualquier situación difícil o de crisis, en vez de dejar que ellos las resuelvan de la mejor manera posible.

Si nos ponemos a pensar, todos los ejemplos que acabo de mencionar son ejemplos "normales" y típicos de lo que toda madre preocupada hace por sus hijos. El detalle está en cuando todas estas actitudes llegan al extremo. Por ejemplo, la madre que se mete hasta en discusiones con los amigos de sus hijos por cosas de muchachos. O la madre que toma decisiones por los hijos sobre qué deporte practicar. O la que se acuesta tardísimo un domingo haciendo un proyecto para el lunes porque el fin de semana su hijo no lo quiso hacer o lo excusa de ir al colegio porque no terminó la tarea.

Son estas las madres que están dedicadas profundamente a sus niños, tanto que el sentido del deber y la responsabilidad como madres va mucho más allá de darles un ambiente seguro y una educación adecuada. Protegerlos y ayudarlos es necesario, pero, cuando esta sobreprotección dificulta la capacidad del hijo para ser autosuficiente, se vuelve un problema. Es esta sobreprotección la que hace que nuestros hijos no tengan la oportunidad de crecer, equivocarse o tener la fuerza necesaria para levantarse después de un tropiezo.

≈ El valor de la rutina ≈

Ahora bien, te preguntarás por qué hablo de nuestro nivel de protección (o sobreprotección) cuando el tema es sobre enseñarles RESPONSABILIDAD a nuestros hijos. Pues te explico, la responsabilidad es un valor que se adquiere a través de la crianza. A medida que los dejemos descubrir su independencia, les estaremos enseñando la importancia de la ecuación causa-efecto. Les enseñamos cómo nuestro comportamiento está basado en las consecuencias que genera. La responsabilidad la enseñamos como parte de nuestra rutina diaria y de esa manera los exhortamos a cumplirla de manera espontánea.

Es por eso que nuestro papel es sumamente importante cuando hablamos de enseñarles a ser responsables. Este proceso comienza desde que son muy pequeños. Hablemos de la rutina diaria. Todo niño aprende lo que debe esperar del mundo que le rodea a través de la rutina. Todo ser humano se maneja mejor sabiendo qué esperar. Si tomamos parte de la rutina y los hacemos responsables de su ejecución, fomentamos ese sentimiento de autosuficiencia en ellos.

Las oportunidades para educar a nuestros hijos en el valor de la responsabilidad se dan a través de la rutina en el hogar. Por ejemplo, enseñarles que es su obligación arreglar la mesa para comer, recoger los platos después de la cena, mantener su cuarto presentable y ordenado y hasta darle comida y agua fresca a su mascota son algunas de las tareas que, como madres, podemos aprovechar para que los niños aprendan el significado de la responsabilidad.

También es recomendable tener una rutina de despedida al dejar al niño en la escuela para que así entienda que se queda y nosotros nos vamos. Quizá asignarle que coloque la lonchera en el lugar apropiado puede ser el paso final de la despedida. Llegará un punto en el que, solo con seguir la rutina y poner la lonchera donde corresponde, el niño alcanzará un balance emocional y se adaptará a su rutina escolar.

De igual manera, si les enseñamos la satisfacción tan grande que se siente al dar lo mejor de uno en alguna tarea o examen, disminuirán las ocasiones en las que el niño no se prepare para sus obligaciones escolares. Ver a un hijo triunfar es una de las satisfacciones más grandes que una madre puede sentir. Pero el triunfo significa mucho más para el niño, porque solo él puede entender que el triunfo no viene solo. Su triunfo llegó como resultado de un arduo trabajo y dedicación. Entonces, hasta los momentos de triunfo son momentos de celebración de su propia responsabilidad.

Recuerdo cuando mi hijo Santiago quería aprender a jugar tenis. Santiago ha sido siempre un niño al que le gusta mucho el deporte y, creo yo, tiene talento natural para ellos. Hijo de un padre colombiano, siempre ha estado en equipos de fútbol. Sin embargo, le llamó la atención el tenis y quiso intentarlo. Al principio, le costó entender el juego y desarrollar destreza. Pero vio que, con la práctica, mejoraba semana tras semana. Hasta que pudo llevarse el trofeo en el campeonato de su liga. En ese momento, sin tener que explicárselo ni adornárselo, Santiago entendió lo importante de no perder sus prácticas y que, en ocasiones, necesitaba practicar más que los demás.

Respetarlos como seres humanos independientes es un paso primordial en el mundo de la responsabilidad. Darles la oportunidad de actuar, equivocarse y "resolver" situaciones es la única manera en que pueden aprender a valorarla. Como madres, nuestra obligación es enseñarles, pero, más importante aún, dejarlos que descubran y aprendan a su manera.

Así que, madre hermosa que me lees… es hora de quitarnos el disfraz de guerreras y bajar el escudo de protección para darles a nuestros hijos el espacio y la oportunidad de que se descubran a sí mismos y crezcan siendo personas de bien.

✔ Para poner en práctica...

Los niños no nacen siendo responsables, más bien les damos oportunidades para que aprendan a serlo a través de sus experiencias.

1. Espacio. Aunque en ocasiones nos cueste, démosles el espacio que necesitan, démosles la oportunidad de equivocarse. Solo de esta manera podrán aprender las consecuencias de sus errores. Ojo, darles espacio no es no involucrarnos en sus cosas; darles espacio es reconocer que son personas diferentes a nosotras y tenemos que dejar que se descubran ellos mismos.

2. Seamos ejemplo. Nuestras acciones valen más que mil palabras. Demostrémosles cuán importante es para nosotras ser responsables de nuestras propias obligaciones. Y como siempre hay espacio para mejorar cuando identifiquemos algo que tenemos que cambiar hablémoslo con ellos para que entiendan que también nosotras estamos en constante crecimiento.

Por ejemplo: "Debo organizar mejor mi día para no estar corriendo cuando salimos de las prácticas de tenis".

3. Enfócate en lo positivo. Reconocer y alabar al niño cuando actúa responsablemente es tan importante como la acción misma. Esto hace que el niño se sienta bien por sus actos y sepa que está haciendo algo correctamente. Por ejemplo: "Santiago, vi que le diste comida a Luny sin yo tener que recordártelo. Eso muestra que eres responsable".

4. No usemos etiquetas negativas. En ocasiones, y creo que mientras más crecen más expuestas estamos a esto, el niño no cumple con su responsabilidad. Y sí, es cierto, no siempre tenemos la misma paciencia para lidiar con estas situaciones. A veces, tendemos a no pensar antes de hablar y decimos cosas como: "Qué irresponsable te has vuelto, la maestra me dice que no estás entregando las tareas a tiempo". El problema con esta etiqueta es que, como resultado, el niño se pone a la defensiva… y disminuyen las posibilidades de que corrija su comportamiento. Una alternativa sería decirle: "Tienes varias tareas que debes terminar. ¿Cuáles son tus planes para acabarlas a tiempo?".

5. Consecuencias. Y cuando hablo de consecuencias no me refiero necesariamente a castigos, sino a una estrategia para crear esa ecuación de causa-efecto que guía todas nuestras acciones. Así como alabamos al niño cuando actúa responsablemente, cuando no lo hace, debe tener una consecuencia. Por ejemplo: "Si quieres ir al cine con tus amigos, debes terminar las tareas antes. Si las tareas no están terminadas, entonces, no podrás ir al cine". Lo sé, estas decisiones nos duelen más a nosotras que a ellos. Pero solo así entenderán la realidad de que sus actos tienen consecuencias.

Independencia

Sin importar la edad, todo ser humano busca constantemente su independencia. ¿Se acuerdan del famoso *NO*? Cada vez que mis hijos me lo decían, sentía que me jalaban de los pelos... ☹ Pero todo es resultado de su crecimiento y desarrollo. De pequeños nos dicen: "NO, yo solito", porque van descubriendo que pueden hacer cosas por sí mismos y les enorgullece hacerlas. Recuerdo la carita de emoción y de satisfacción el día en que Andrea agarró la cuchara y se la llevó a la boca sin que se le cayera el arroz. O cuando Santiago, después de muchos, pero muchos intentos, logró abotonarse solito una camisa completa.

Y así, poquito a poquito, la búsqueda de la independencia pasa de cucharas y botones a formar a la persona que quieren ser en la vida. Sueno un poco trascendental, pero la verdad del asunto es que son esas búsquedas de independencia cuando pequeños las que van dándole forma a su personalidad. Personalidad que, en el futuro, marcará cada decisión y paso que dan.

Ningún niño nace sabiendo y, por lo tanto, vive aprendiendo. Como madres, nos acostumbramos al hecho de que nuestros bebés necesitan de nosotras desde que se levantan hasta que se acuestan. Sin embargo, debemos entender que poco a poco necesitan su espacio. Y esto es el principio del desarrollo de su autonomía. Autonomía que sirve como motor para su independencia.

En ocasiones, y sin darnos cuenta, terminamos haciendo cosas *por* nuestros hijos y no *con* nuestros hijos. Una pequeña diferencia de palabras, pero una gran diferencia de comportamientos. ¿Las razones? Infinitas, pero aquí van algunas de las más comunes:

creemos que podemos hacerlo más rápido, creemos que podemos hacerlo mejor; creemos que, sin nosotras, no lo podrán lograr; creemos que los estamos ayudando, y hasta nos llena de satisfacción hacerlo. De lo que no nos damos cuenta es que cada vez que tomamos las riendas de algo que están haciendo, les estamos diciendo, de forma inconsciente, que lo que hacen no llena nuestras expectativas, afectando así su autoestima y autonomía.

Siguiendo esta misma línea de pensamiento, te confieso que era de esas mamás que, cuando de un proyecto escolar se trataba, no se sabía si el proyecto era mío o de Andrea. Leía las instrucciones, iba a comprar los materiales y no veía la hora de comenzar. Como dice mi esposo: "Parece que nunca fuiste a la escuela... Gozas esos proyectos mucho más que la niña". Lo curioso es que "intervenía" de manera intensa no porque creyera que la niña no podía hacer un buen trabajo, sino porque, de corazón, los gozaba al máximo.

Sin embargo, no me daba cuenta de que el mensaje que le estaba dando a Andrea era uno negativo. Algunos ejemplos de cómo los mensajes pueden ser recibidos de la manera equivocada son pensamientos como: "Mis ideas no son buenas", "mi mamá no confía en mí", "cree que haré un mal trabajo", "cree que no puedo hacerlo sola", por solo mencionar algunos. Ahora bien, ¿realmente queremos que estas ideas pasen por la mente de nuestros hijos? Por supuesto que NO, ni por un segundo.

También está este otro caso: ¿te has puesto a pensar en cómo se siente el niño cuando lleva a la escuela un proyecto perfecto sabiendo que no lo hizo él? Pues créeme, no se siente bien. Y te lo digo por experiencia propia. Recuerdo que, cuando estaba en segundo grado (hace apenas unos añitos ☺ *LOL*), tenía que hacer un proyecto para mi clase de ciencia, el cual consistía en crear un ecosistema de playa usando una caja de zapatos. Mi hermano mayor Jowie, en ese entonces ya listo para comenzar sus estudios de ingeniería, me quiso ayudar. Pero *ayudar* se convirtió en hacerlo todo por mí. No te miento, las ideas fueron perfectas. Utilizó pasta de dientes (de esa que era blanca con líneas azules y verdes) para el agua, pegamento color madera para la arena, algodón para las nubes… En fin, el proyecto perfecto.

¿Pero sabes qué? Te confieso que no lo llevé a la escuela… Me daba pena llevarlo. Era como si le dejara saber al mundo: "Mi playa está hermosa, pero no le puse ni un dedo encima". Recuerdo que al ir al supermercado con mi mamá compré todos los materiales otra vez. Terminé haciendo el proyecto nuevamente. De principio a fin. No te voy a mentir, utilicé la mayoría de sus ideas, pero lo hice todo yo. Y no sabes lo feliz que me sentí cuando lo llevé a la escuela.

Entonces, pongámoslo en práctica. Te comparto mi experiencia… No fue fácil. Sin embargo, tan pronto comencé a ver como Andrea y Santiago comenzaban a tomar control y liderazgo, entendí que ahora sí los estaba ayudando. Entendí que no tiene mucho valor que lleven un proyecto perfecto (ante mis ojos) al colegio. ¿Por qué? Porque es al darles la oportunidad de comenzar y terminar algo, con sus ideas, sus estilos y sus gustos, que se vuelve realmente perfecto.

Así que, cuando veamos esos trabajos de clase hechos a la perfección y los comparemos con el (quizá no tan perfecto) que nuestro hijo completó, recordemos lo siguiente: lo orgullosos que se sienten de haberlo hecho ellos mismos. Recordemos que es en esos momentos cuando ellos pueden aumentar la confianza en sí mismos y sentirse lo suficientemente seguros como para querer seguir tomando el control. Y si te fijas, hasta las mismas escuelas están exhortando a los padres a que dejen a los niños hacer su trabajo. En muchas ocasiones, les piden que escriban a mano el proyecto o que preparen una presentación en la que sean los propios niños quienes expliquen, con sus palabras, lo que quieren mostrarle a la clase.

¿Ayudarlos? Claro que sí. Pero dejar que nuestros hijos tomen el rol de líderes es crucial. Seguirlos y no hacer que nos sigan, hasta en ejemplos como estos, hacen una diferencia. Dejarles saber que confiamos en ellos, que seguimos sus ideas y los apoyamos, son los mensajes que quedan grabados en sus mentes y los que llevarán con ellos hasta que sean adultos. Las nociones más poderosas son aquellas que se forman desde pequeños. Son esos mensajes que muchas veces no se dicen con palabras, pero se demuestran con las acciones.

≈ El valor de la soledad ≈

Otro aspecto crucial para fomentar la independencia es enseñarles a no tenerle miedo a la soledad. Desafortunadamente, el estar solos es erróneamente relacionado con algo negativo o visto como un castigo. Pero la realidad es otra, el estar solo con uno mismo significa tener un momento lleno de oportunidades para explorar pensamientos, sentimientos y para conocerse. En un mundo en el que las distracciones están a la orden del día, cada vez son menos las personas que se sienten cómodas en la soledad.

Ayudarlos a disfrutar tiempos de soledad no significa que dejen de ser sociables. Más bien es enseñarlos a disfrutar del balance entre momentos en los que se está acompañado y momentos en los que no. Es ayudarlos a entender que, de la misma manera en que uno comparte tiempo con amigos para conocerlos más, también hay que pasar tiempo con uno mismo para conocerse. En los momentos de soledad es cuando se comienzan a hacer cosas que de verdad se disfrutan. Uno se vuelve mucho más productivo y se comienza a escuchar a sí mismo.

¿Te has dado cuenta de que, en ocasiones, nuestros hijos y sus amigos parecieran todos cortados con la misma tijera? Claro, esto es de esperarse porque a uno le gusta compartir con personas con las que tiene cosas en común. Sin embargo, en ocasiones, entre las amistades se pierden un poco las individualidades. Y la mejor manera de conservarlas es a través del conocimiento y la independencia. Eso es lo que debemos ayudar a nuestros hijos a encontrar.

¿Alguna vez has conocido a alguien que constantemente busca un consejo para poder actuar o tomar una decisión? Todos hemos tenido alguna vez la necesidad de un consejo y más cuando sucede algo importante en nuestras vidas. Sin embargo, el problema aparece cuando no se toman decisiones hasta que se consulte con alguien. Esas son las personas que no se sienten cómodas estando solas, identificando sus sentimientos y explorando soluciones por ellas mismas. Y con esta capacidad no se nace, uno la aprende a través de la independencia.

Es de esa manera que los niños desarrollan confianza en ellos mismos, se llenan de seguridad al expresar sus ideas, fortalecen su autoestima y despiertan su autonomía. Todos estos aspectos son muy necesarios para fomentar la independencia en ellos.

✔ Para poner en práctica...

Nuestra responsabilidad no es hacer las cosas por nuestros hijos. Nuestra responsabilidad es proveerles las herramientas necesarias para que puedan hacer las cosas por sí mismos.

1. Solicita su opinión. Cuando a tus hijos les pides que aporten lo que piensan o algunos consejos, les dejas saber que su opinión es importante y que confías en ellos. Por ejemplo, al preguntarle a Andrea qué piensa sobre algo o cómo cree que le debo explicar una tarea a Santiago, no solo me ayuda ella a mí a tener una perspectiva diferente, sino que yo la ayudo a entender que es parte de un equipo y que su voz es importante.

2. Explora. Enséñalos a explorar sus propios pensamientos a través de las preguntas. Por ejemplo, recuerdo cuando Andrea estaba en 4.º grado y una de sus compañeritas del aula no la invitó a una reunión en su casa. Le pregunté: "Cómo te sientes de que no te haya invitado?". A lo que me respondió: "Mamá, estoy bien, acuérdate de que no somos amigas muy cercanas".

3. Libertad entre límites. Cuando son pequeños están acostumbrados a tener una rutina ya determinada. Sin embargo, a medida que van creciendo, los tiempos desestructurados son muchos más. Darles opciones sobre qué quieren y pueden hacer los ayuda a pensar y a tomar decisiones por ellos mismos. Por ejemplo: "¿Dónde vas a querer leer el libro?".

4. Observa y conversa. En ocasiones, la búsqueda de su propia independencia hace que no quieran pedir ayuda cuando la necesitan. Sin embargo, debemos estar ahí para observar sus reacciones y ayudarlos a tener autocontrol. Por ejemplo, a Santiago siempre le han gustado los juegos en los que pueda crear cosas. Un día, se veía que estaba perdiendo la paciencia porque algo no le salía. Al hablar con él, lo ayudé a reconocer su frustración y cómo esta no lo dejaba pensar en otras alternativas.

5. Respeta sus diferencias. Muchas veces sus decisiones, gustos y opiniones no son los mismos que los de nosotras. Respetarlos es importantísimo para dejarles saber que los apoyamos sin importar su decisión. Por ejemplo, mi esposo siempre está a favor de que Santiago practique fútbol y yo quiero que practique tenis (y el entrenador también… Santiago es buenísimo ☺), pero cuando le preguntamos, resultó que ahora él quería jugar baloncesto. ¿Qué ganamos con tratar de convencerlo? Nada. Lo único que podemos hacer es apoyarlo en su decisión y disfrutar los partidos con la misma emoción que si fueran los del deporte que queríamos que practicara.

≈ 3 ≈

Hogar

> **Lo que le enseñemos a nuestros hijos en el hogar es tan poderoso, que es como si les diéramos el escudo del Capitán América para defenderse de los peligros a su alrededor...**
>
> JINNY

¿Qué madre no quiere lo mejor para sus hijos? Desde que nos convertimos en madres, podemos vivir el verdadero significado del amor incondicional. Ese amor que nos hace reemplazar lo que antes era importante con lo que ahora acapara toda nuestra mente y nuestro objetivo. Nos llenamos de mucha ilusión pensando en cómo queremos que sean, soñando que se conviertan en una versión mejorada de nosotras, que busquen su felicidad constantemente y que solo el cielo sea su límite. Pero esta ilusión solo se puede convertir en realidad si les damos las herramientas necesarias en casa.

Una buena autoestima

No hay libro que lea, ni reportaje que vea sobre la educación de nuestros hijos, en el que no se hable de la autoestima. Número uno, siempre se hace énfasis en la importancia de tener una buena y sana autoestima. Y dos, pero no menos importante, en la necesidad que tenemos los padres de no lastimar su desarrollo.

Todas hemos escuchado el sinnúmero de beneficios que trae tener una buena autoestima. No solo se refleja en todos los elementos que componen a un ser humano, sino que va formando quienes realmente somos y define cómo nos vemos en el ambiente que nos rodea. Pero ¿qué es realmente la autoestima? Como madres, tenemos que entender su significado para poder promoverla y asegurarnos de que nuestros hijos la desarrollen de una manera buena y sana.

De manera muy simplificada, la autoestima es el valor que tenemos de nosotros mismos. En el aspecto psicológico, es la opinión emocional que tenemos de nosotros mismos. Una opinión que puede superar cualquier racionalización o lógica.

Es decir, la autoestima es tan poderosa, que no importa lo que logremos o las señales que demuestren un aspecto en particular, puede hacer que nuestra propia opinión esté distorsionada. Y como resultado puede tener un efecto dominó en nuestras vidas.

Me imagino que te preguntarás: ¿por qué si la autoestima es como nos valoramos a nosotras mismas, nuestra niñez juega un papel tan importante? Pues bien, de la misma manera en que el niño recurre a nuestras reacciones para ver si sus actos son aprobados o no, recurren a nosotras para formar el concepto sobre cómo son vistos y valorados. Y, lo creamos o no, todo esto impacta de manera significativa en quienes somos.

Es por eso que si hay un superpoder que les podemos regalar a nuestros hijos, es asegurarnos de que desarrollen una buena autoestima desde pequeños. La autoestima se va fomentando poco a poco y a lo largo de las experiencias vividas por cada ser humano. Es por eso que nadie nace con alta o baja autoestima; nadie nace con una autoestima saludable o dañina.

El ayudarlos a desarrollar una buena autoestima no significa que nunca cometan errores, o que no les demos la oportunidad de equivocarse. Al contrario, es asegurarnos de que tengan un sistema de resistencia que los haga aprender de sus errores y seguir adelante sin rendirse. Es por eso que la confianza que reciban de nosotras es sumamente importante para hacer que confíen en ellos mismos. El estímulo que reciban de nosotras hace que sus bases como seres humanos se fortalezcan cada vez más.

Un niño con buena autoestima, o autoestima saludable, puede disfrutar de todos los beneficios que esto conlleva. Beneficios tanto en el aspecto emocional como en el aspecto social. Por ejemplo:

1. Sentirse cómodos y orgullosos de ellos mismos.
2. Los ayuda a crear mensajes realistas sobre ellos mismos.
3. Desarrollan confianza en ellos mismos.
4. Aumenta su capacidad para relacionarse con los demás.
5. Desarrollan estrategias para superar adversidades.
6. Son capaces de disipar cualquier frustración y de luchar para conseguir lo que quieren.

Y la lista continúa…

La vida no es color de rosa. La vida está llena de altas y bajas. Pongamos un ejemplo desde la perspectiva de nuestros hijos y de lo que representa su mundo diario: el rendimiento académico. El niño no pasó la prueba en una materia. Desafortunadamente, un niño con baja autoestima tiende a pensar, casi de forma inmediata: "Por supuesto que salí mal en el examen, no soy un niño inteligente y nunca lo seré".

Sin embargo, un niño con alta autoestima no deja que su rendimiento en la prueba lo defina como estudiante. Y tiende a pensar: "La verdad es que el material estaba difícil y debo estudiar mucho más duro para la próxima prueba".

≈ Recompensa no es lo mismo que estímulo ≈

Hoy en día, y por razones que he explorado en capítulos anteriores, algunas madres tendemos a cometer el error de creer que dar una recompensa es sinónimo de darles un estímulo. Tendemos a hacer esta relación en nuestras cabezas porque al darles la recompensa hacemos que el comportamiento se repita. Y sí, no podemos negar que el comportamiento se puede repetir. Sin embargo, se repite por las razones equivocadas. La realidad de todo es que la recompensa es un motivador externo cuyo efecto termina cuando este desaparece.

Pensemos por un momento… Nuestro hijo no está teniendo un rendimiento escolar exitoso. Para ayudarlo a mejorar, le comenzamos a dar una recompensa por cada buena calificación que traiga a la casa. ¿Y a quién no le gusta recibir recompensas? A nadie. Entonces, como era de esperarse, el niño comienza a hacer lo necesario para mejorar sus calificaciones. Pero ¿qué pasa cuando la recompensa ya no existe? Y es que cuando el motivador es externo, puede perder su efecto en el momento de su ausencia.

Sin embargo, darles un estímulo está vinculado con el significado y valor encontrados en la conducta. Es una consecuencia interna que se genera de manera natural. Es por eso que el estímulo es mucho más poderoso que la recompensa. Ah, y no nos olvidemos de su consistencia. El estímulo nunca desaparecerá porque no depende de nada, ni de nadie. En otras palabras, el niño se desarrolla sabiendo que su motivación está dentro de sí mismo y no necesitará de un objeto externo para sentirse motivado.

Una buena autoestima es la base para el bienestar de cada niño. Darles la oportunidad a nuestros hijos de conocerse, aceptarse y valorarse tal como son los lleva a ser personas felices sin necesidad de recompensas o valoraciones externas. Ayudar a nuestros hijos a que, de la misma manera en que reconocen sus virtudes, acepten sus áreas débiles, nos permite equiparlos con el secreto del éxito. Eso sí, los beneficios no solo son de manera individual. Ayudar a nuestros hijos a tener una buena autoestima los ayuda a tener la capacidad de querer y valorar a los demás. Haciendo que todos a su alrededor se beneficien de tenerlos en sus vidas.

✔ Para poner en práctica...

Ayudar a sembrar esa semilla de buena autoestima en el cerebro de nuestros hijos requiere un cambio drástico en la manera en que nuestras palabras despiertan una motivación interna...

1. Confío en ti. No hay nada más importante para un niño que saber que su madre confía en él y lo apoya. Si les demostramos que creemos en ellos, haremos que también crean en sí mismos. Solo de esta manera podremos promover su propio valor.

2. Sé realista con los elogios. Palabras que corren con la verdad llegan tan lejos como sea posible. Cuando elogiemos a nuestros hijos, procuremos hacerlo por cosas realistas y creíbles. En otras palabras, si el niño detesta hacer matemáticas, no lo podemos elogiar por lo mucho que le gusta practicarlas.

3. Darles espacio. Dejarlos hacer las cosas por sí solos es mucho más importante que llegar al producto final. Solo con nuestra ayuda y supervisión podrán internalizar que son realmente capaces de lograrlo.

4. Te escucho. Darles la oportunidad de expresar sus ideas y sentimientos es crucial para entender que son importantes. Tener en cuenta sus pensamientos e interpretaciones de las situaciones que experimentan día a día, sin juzgarlos, es crucial para establecer su propia seguridad.

5. Retos. Ayudarlos a no intimidarse por los retos los ayuda a alcanzar sus metas y alejarnos de la perfección es clave para desarrollar su capacidad de lograrlo. Recuerdo cuando Santiago aprendió a usar las tijeras... Niño al fin, tenía dificultad para seguir el patrón al cortar el papel. Para una tarea, prefería que lo cortara yo. No se imaginan la carita de felicidad cuando le dije que yo sabía que él lo podía hacer. Lo ayudé, mano con mano, en la primera figura para que viera que lo que él estaba haciendo era lo mismo que yo hubiera hecho.

Una imagen distorsionada

¿Te has puesto a pensar en cómo la definición de belleza va cambiando con el tiempo? Transportémonos a la época renacentista, sí, a esa época en la que las grandes obras del artista Leonardo da Vinci o del poeta Garcilaso de la Vega fueron creadas. Las imágenes (y escritos) mostraban a una mujer un poco robusta, de senos pequeños, abdomen grande y caderas anchas. Imagen que representaba el rol de la mujer de esa época…, dedicada a procrear y a su familia, y que regresaba a la armonía y la proporción de la época griega, en la que Venus o las diosas de la fertilidad determinaban la belleza de la mujer.

Ahora bien, montémonos en el carro de la película *Back to the Future* [Regreso al futuro] y aterricemos en la época del Barroco, en la cual la imagen de la mujer comienza a tener un *twist* [giro], alejándose un poco de lo "natural". Fue en esta época cuando se comenzó a utilizar maquillaje, peinados muy llamativos, lunares postizos y perfumes con el propósito de coquetear. No nos podemos olvidar del uso del famoso corsé o del *bustier*, con el propósito de destacar una figura tipo S: senos que sobresalían por encima de la ropa, cintura extremadamente pequeña y cadera ancha.

Te invito a montarte una vez más en el carro del doctor Emmett Brown para dirigirnos esta vez a lo que será nuestra próxima y última parada: el siglo 21. La imagen de la belleza que vemos en la actualidad es una que, humildemente, considero que NO es la real. Desafortunadamente, es una muy lejana a lo natural, en la que se es muy delgada, alta, con bótox y hasta múltiples cirugías estéticas.

Y si a eso le sumamos el mercadeo y la publicidad, nos vamos alejando cada vez más de lo natural y lo real. Actualmente, estamos siendo bombardeadas por una imagen irreal todo el tiempo. Anuncios de televisión, pasarelas de moda, fotografías en las revistas, por solo mencionar algunas de las maneras en que el mensaje es distribuido. Los retoques en las fotografías están a la orden del día y no es secreto para nadie. Sin embargo, aun estando conscientes de que la foto no está mostrando con fidelidad a quien está frente a la lente fotográfica, se promociona esa imagen irreal.

≈ Las ventajas y desventajas de la tecnología ≈

De igual manera, la tecnología juega un papel muy importante en todo esto. Nos podemos sentar y tener una conversación larguísima sobre los beneficios que ha aportado la tecnología a nuestras vidas. Sin embargo, así como trae muchos avances, también acarrea un sinnúmero de desventajas. Desventajas que contribuyen a la promoción de esta belleza "irreal". La tecnología hace que la información esté al alcance de nuestros dedos (y de los de nuestros hijos también). Ni el tiempo ni la distancia juegan un papel importante en esta ecuación.

¿Qué es la imagen distorsionada? Esa en la que la mujer tiene el cuerpo sin marcas, sin rollitos, sin imperfecciones, con silueta de guitarra. Esa en la que tiene la cara perfecta, sin ojeras, con la sonrisa impecable, la dentadura blanca y simétrica. Esa imagen que se usa para el comercio, para vender algún producto..., queriendo confundir al consumidor con un mensaje falso: "Si consumes este producto, lucirás como la persona en la foto", aumentando así los seguidores.

Desgraciadamente, y te lo digo con el corazón en la mano, vivimos en un sistema lleno de imágenes "perfectamente" falsas que afectan la mente, el cuerpo y hasta el comportamiento de todos. Y nuestros hijos no son la excepción.

Esa imagen distorsionada es la que nuestros hijos van grabando en sus mentes, haciendo que tengan mucha dificultad para distinguir lo real de la fantasía. Esa imagen distorsionada es la que hace que se sientan inconformes con ellos mismos. Inconformidad que los puede llevar a hacer cosas que pongan en riesgo hasta su propia salud.

≈ La belleza interior ≈

Ahora bien, seamos honestas… aunque podemos aportar nuestro granito de arena al *big picture* [panorama general], no podremos cambiar la dirección en la que la sociedad se va moviendo. Sin embargo, en lo que sí tenemos influencia al cien por ciento es en sembrar una idea clara en nuestros hijos. Ayudarlos a tener una imagen definida es crucial para que, de esta manera, no sean afectados por esa representación distorsionada que es comunicada día a día y de forma constante.

Pero la pregunta que nos hacemos es la siguiente: ¿cómo ayudamos a nuestros hijos a crear un escudo con el cual puedan esquivar esos mensajes que reciben a diario?

Muy dentro de nuestro corazón sabemos que una persona no es nada si no tiene belleza interior. Y aunque suene "cursi", no podemos negar que es simplemente la verdad. Esa belleza interior se llama personalidad, valores éticos, moral y optimismo. Y este es el mensaje que tenemos que asegurarnos de que nuestros hijos entiendan. Este es el mensaje que tenemos que traducirles a nuestros hijos para que lo tengan muy claro.

Nosotros cada año nos vamos de crucero en familia, vacaciones que nos encantan a todos en la casa. Tenemos el día para disfrutar como familia y, en ocasiones, aprovechamos la noche para disfrutar eventos mi esposo y yo solos. En fin, siempre que hacemos la fila para hacer el *check-in* [registro], me impresiona ver a mi alrededor a tantas personas con las que, sin conocerlas, compartiremos todos estos días. Recuerdo ver a una pareja joven en la fila de al lado. La chica era simplemente hermosa. Parecía una muñequita. Lo interesante es que nos encontrábamos a esa pareja en todo momento. En la piscina, en el almuerzo, en las obras de teatro, en la discoteca por las noches…, en todos lados.

Te preguntarás por qué te cuento esta historia… Pues, porque en los diez días que estuvimos en el crucero, viéndolos en todo momento, jamás la vimos sonreír. ¡Jamás! Hasta en una cena escuchamos como le hablaba al mesero de manera grosera, horrible ☹. Sin embargo, siempre mostraba una sonrisa frente al lente del teléfono. Posiblemente fotos que subiría a sus redes "mundiales" (como decía Santiago cuando pequeño). Su actitud era contradictoria, a tal punto que nos llamó la atención, pues era como si la belleza que vimos el primer día desapareciera al pasar el tiempo. Fue tema de conversación con los niños. Aprovechamos ese ejemplo tan cerca de nosotros para hablarles acerca de cómo una belleza exterior puede dejar de serlo si la persona resulta ser desagradable, negativa u orgullosa. En otras palabras, una belleza exterior sin belleza interior no es nada.

De igual manera, hablamos de las redes sociales y la imagen que las personas están promoviendo de sí mismas. Siguiendo con el mismo ejemplo: la chica del crucero no sonreía con nadie, ni con su propia pareja. Sin embargo, en el momento de tomar una foto, se vestía con su mejor sonrisa. Entonces, fue en ese instante cuando hablamos con Andrea sobre el mundo irreal que las personas tratan de compartir de manera social. Cualquiera que viera las fotos de esta chica podría decir: "¡Guau!, qué bella y qué divertida es… Se ve que la están pasando súper en sus vacaciones". Lo que no saben es que esa sonrisa en ese abrazo a su pareja o en esa cena romántica desaparecía instantáneamente después de tomar la foto.

Cambiando así la persona que está detrás del lente, con la persona frente al lente.

Y es que las redes sociales están llevando esto de la imagen distorsionada a otro nivel... A un nivel que lo que da es miedo. ¿Por qué? Porque cada vez más nuestros hijos se pierden en lo que es fantasía, en un mundo irreal y ficticio, creyendo que es la norma.

No podemos negar que a todos nos gusta vernos bien... Y proviniendo de una familia que tiene una de las mujeres más hermosa del universo, te mentiría si te digo que no es importante. No hay nada malo en querer arreglarse y quizá "disimular" lo que no nos gusta. Pero la clave está en saber que cómo lucimos no determina nuestra belleza real. Es importante que nuestros hijos sepan que cuando una se siente bien consigo misma, es capaz de irradiar y expresar su verdadera belleza. Tenemos que enseñarlos a valorarse y a entender que son bellos por dentro y por fuera.

Para poner en práctica...

La belleza externa se va perdiendo con los años; sin embargo, la belleza interior es la que perdura por siempre.

1. Destaca su belleza interna. Déjenles saber lo orgullosas que están cada vez que demuestren su belleza interna. Por ejemplo: "Qué lindo consejo le diste a tu amiga, tienes un corazón inmenso". Claro, ¿a quién no le gusta que le digan lo linda que se ve? Pero procuremos que los halagos que demos a nuestros hijos no sean por su aspecto físico nada más.

2. Respeta y admira las individualidades. Sabemos que los niños aprenden más a través del ejemplo que de las palabras. En nuestras conversaciones y comentarios diarios, demostrémosles que la apariencia física de los demás no es tan importante y

hasta nos engaña. Por ejemplo: "Fíjate que estuve hablando con fulana de tal, que siempre luce de mal genio, y resulta ser un amor de persona".

3. Evita las comparaciones. Nuestros hijos deben entender que todos somos diferentes. Se sentirán mucho mejor enfocándose en sacar lo mejor de ellos mismos, que tratando de ser alguien que no son.

4. Cuida el espíritu. Los niños deben dedicar tiempo no solo al ejercicio físico, sino también a la lectura y otras actividades que alimenten su alma. Promueve esta práctica y enséñales a valorar la belleza dentro de sus cabezas.

5. Di NO a la críticas. Todos en algún momento u otro nos hemos criticado, lastimándonos inconscientemente. Esto es, simplemente, resultado de nuestras propias inseguridades personales y no es la realidad. Ayudemos a nuestros hijos a detener cualquier pensamiento ilógico que los pueda lastimar.

Víctimas de la agresividad

Recuerdo que, cuando quedé embarazada, mi sentimiento de protección se despertó de forma inmediata. El doctor me dio una lista de comidas cuyo consumo debía disminuir. ¿Y qué hice? Las eliminé por completo. Preparamos la casa para la llegada de nuestro más preciado regalo, asegurándonos de que todo estuviera protegido para cuando comenzara a explorar. En fin, garantizar que estuviera en un ambiente seguro era nuestra prioridad. Ahora bien, no es un secreto que el mundo no es perfecto. Por eso hacemos todo lo posible para que se desarrollen en un entorno que consideramos seguro: en la escuela, en los deportes, con sus amistades y la lista continúa. Pero ¿qué pasa cuando nos enteramos de que nuestros hijos están siendo víctimas de la agresividad?

Si un hijo regresa de la escuela con un ojo morado es como si nos incluyeran en el *ALS Ice Bucket Challenge* [Desafío del cubo de agua helada] sin nuestro consentimiento. Nos enfurecemos solo de pensar que otro niño se ha atrevido a lastimar al nuestro. Y nos vienen a la mente un sinnúmero de pensamientos, tantos que, realmente, ni siquiera sabemos qué decirle al niño. Queremos mantener la calma. Queremos que nuestro hijo actúe bien. Queremos promover que la violencia no se para con violencia. Pero no queremos que nuestro hijo se quede con el golpe y no haga nada.

Muchas madres, para evitar problemas mayores, le piden al niño que no se enfrente al agresor y que hable con el personal de la escuela para que lo ayude. Sin embargo, seamos realistas, también le diríamos que la próxima vez que sea agredido se defienda y, si el agresor es mucho más grande que él, que lo haga con lo que encuentre a su alrededor.

≈ Acoso físico y emocional ≈

Como madres, siempre queremos velar por el bienestar de nuestros hijos y nos cuesta creer que tengamos que preocuparnos por su bienestar en el lugar al que van todos los días a prepararse para su futuro. Pero es la realidad. Ninguna burla es apropiada o normal, pero entre amistades siempre existirá un nivel de burla o broma para todos. Sin embargo, la intención es lo que marca la diferencia. Los acosadores son aquellos que para sentirse importantes, populares, aceptados o para llamar la atención pueden llegar a ser muy crueles con otras personas. Su intención es tener un intercambio con el fin de intimidar y hasta de hacerle daño a la otra persona. Y este deseo no genera ningún remordimiento en ellos.

Son esas personas que se llenan de poder no por lo que diferencia a la víctima (por ejemplo: alguna característica física o que usa anteojos o que es muy inteligente), sino por la reacción que la burla genera en ella.

Sí, leíste muy bien… lo que empodera a los acosadores no son las diferencias entre ellos y sus víctimas, sino cómo estas reaccionan a la burla. Es decir, si el niño no reacciona y a su vez se intimida le da a entender al agresor que tiene poder y control sobre él. Comportamiento que hará que lo siga repitiendo porque sabe que la víctima reaccionará de la manera esperada, sin hacer nada.

Desafortunadamente, este tema de los acosadores está a la orden del día. Y no es porque ahora exista, y antes no. El acoso siempre ha existido. La diferencia es que antes el acoso era más físico y ahora es mucho más emocional. Antes ocurrían mucho más los ataques que eran visibles para los demás: que le quitaban la lonchera, que lo empujaban, que le pegaban.

Hoy en día, es un ataque más subjetivo: que le dicen nombres, que le gritan, que lo excluyen. Para mí, este es un acoso mucho más peligroso porque a nosotras, las madres, se nos hace mucho más difícil de detectar. Es muy fácil que pase desapercibido. A menudo, son tan intensos el acoso y la intimidación que la víctima sufre en silencio el dolor, la angustia y el miedo que le causa el hostigamiento. Y eso es preocupante.

≈ Acoso cibernético ≈

De igual manera, no nos podemos olvidar del famoso, y ahora más común que nunca, acoso cibernético. La tecnología y las redes sociales también representan una nueva plataforma para el abuso. El otro día en las noticias mostraron una pelea entre niñas en una escuela secundaria. Sentí que se me erizaba la piel, no solo por el hecho de observar la pelea (quién no ha visto una pelea en vivo y en directo), sino al ver la cantidad de muchachos alrededor de las "boxeadoras", todos con sus teléfonos en las manos y grabando la pelea desde todos los ángulos. Y estoy segura de que muchos eran hasta amigos de ellas. ¿Dios mío, en qué mundo estamos viviendo?

Sí, qué bueno que de esta manera el video llegó a las autoridades y a las noticias para alertarnos a todos de lo que está sucediendo en las escuelas. Pero mi pensamiento fue mucho más allá de esto. Ahora, es como si el acoso tuviera un lente de aumento. Si en el pasado la situación era conocida solo en el ámbito en que ocurría, ahora no tiene límites. Ahora, el suceso lo suben a las redes sociales y se vuelve viral antes de que la pelea termine.

Otro aspecto que tenemos que reconocer sobre el acoso cibernético es que la burla está presente las veinticuatro horas del día, los siete días de la semana. Es decir, en el pasado, si la burla surgía en la escuela, pues el niño estaba expuesto a ella de lunes a viernes. De igual manera, si la burla surgía en una actividad extracurricular, pues el niño era vulnerable mientras estuviera participando en la actividad. Sin embargo, hoy en día, si la burla es cibernética, el niño está expuesto a ella todo el día, todos los días.

En la actualidad, las personas se esconden detrás de una computadora o de un teléfono inteligente y se transforman en acosadores de manera instantánea. Ojo, la mayoría de estos acosadores se transfiguran y no se dan ni cuenta. ¿Por qué? Porque lo justifican con "esa es mi opinión y tengo derecho a expresarla". Sí, claro que se tiene derecho a expresar una opinión. Pero cuando tu opinión puede herir a otra persona, pues, como dicen en inglés: "Sorry to burst your bubble" [Lamento romper tu burbuja], pero te has convertido en la nueva versión del *bully* [acosador].

Como dice la nueva campaña para crear conciencia sobre los acosadores cibernéticos: *#engagerespect*. Cuando el acosador lastima de frente, eso lo convierte en alguien cruel. Cuando el acosador lastima escondido detrás de una computadora, eso lo hace un cobarde. Pero sigue siendo un acosador.

El acoso es acoso como quiera que lo implementen: físico, emocional, sicológico, cibernético. Y no me puedo imaginar las nuevas variantes que surgirán en el futuro. Lo más importante que cabe destacar aquí es que, independientemente de la variante del acoso, la respuesta de la víctima es crucial para hacer que esto pare y no la lastimen más.

Nuestro deber como madres es darles las herramientas necesarias a nuestros hijos para que puedan identificar varias cosas. Primero, ¿cómo los hace sentir la burla? Es acoso cuando no nos hace sentir bien. Segundo, el acosador no tiene un perfil determinado. Es decir, puede ser un desconocido, como también puede ser un "amigo" o hasta parte de la familia. Y tercero, y no menos importante, solo la víctima puede detener la burla.

El que conoce a mi hijo Santiago sabe que es un niño físi-camente muy grande para su edad y el tamaño de su corazón no es la excepción. Es muy dulce y noble. Características que hacen que otros niños puedan aprovecharse de él. Recuerdo que cuan-do estaba en el colegio preescolar vi que, en una ocasión, llegó a la casa muy callado, pero decía que estaba bien. Al día siguiente me preguntó que si le podía decir a la maestra que no quería ir al patio a jugar. Ya esa fue mi señal de que algo estaba pasando. Fue cuando me enteré de que, aparentemente, un niño de otra clase lo estaba empujando.

No estoy aquí para pintarte un cuento color de rosa en el que Santiago habló con la maestra y asunto arreglado. Estoy aquí para decirte la verdad del asunto. Esto no era algo que la maestra podía arreglar, solo él podía comunicar el mensaje y hacer que el niño supiera que no iba a permitir que se metiera más con él. Así que, con mucho amor, le dije: "Santiago, nadie te va a defender tan bien como tú". En mi conversación le expliqué muy bien lo que esperábamos de él: "Si el niño te empuja, tú lo empujas inmedia-tamente y con voz firme le dices 'no me empujes más'. Luego vas y hablas con la maestra".

Su carita se iluminó cuando entendió que lo apoyaba si se defendía. Sí, tenía que informarle a la maestra, pero eso ocurriría luego de que se defendiera del niño. Y la realidad es que solo de esta manera el que abusa entenderá que no puede hacerlo más. Al día siguiente, al dejarlo en el salón, me escuchó hablar con la maestra mientras le explicaba lo que había pasado. La maestra confirmó que estaba sucediendo y que ya estaban en proceso de hablar con los padres del otro niño. Sin embargo, le dejé saber las instrucciones que le había dado a Santiago. Como maestra, entiendo que me tenía que dar el sermón de la importancia de usar las palabras adecuadas. Sin embargo, como madre, sé que me estaba dando la razón. Ese fue el último día que el niño empujó a Santiago.

Ayudarles a aumentar la confianza en sí mismos es crucial para combatir el acoso. ¿Será posible que dejarles saber que son seres maravillosos y especiales detenga el acoso? La respuesta es muy clara, NO. Pero sí tendrá el poder de detener el efecto negativo que el acoso puede causar en sus vidas.

✔ *Para poner en práctica...*

Dejar que el abuso continúe sin hacer nada o huir del problema no es la solución ni es justo para la víctima.

1. Estar alerta y presente. Muchos de los abusos no son físicos. Tenemos que estar pendientes de ellos y hacerles preguntas, solo así podremos saber qué es lo que está sucediendo cuando no estamos a su alrededor.

2. Escucha y apoya. Enseñémosles a tener confianza en nosotras para que nos cuenten lo que sucede. De igual manera, enseñémosles a que tengan confianza en sí mismos para que digan *no* a la intimidación.

3. Enséñalos a defenderse. Brindemos ejemplos de posibles maneras de responder si alguien les hace algo. Como un tipo de *role play* [interpretación de roles]. Cuando Santiago tuvo la situación en el preescolar, Andrea y yo le mostramos cómo empujar de vuelta y con voz segura decir: "No me empujes más".

4. Involúcrate. Si la situación se va fuera de control, habla con el personal escolar y cita a los padres del agresor a una reunión. Asegúrate de que la escuela implemente un plan de acción que incluya consecuencias para el agresor.

5. ¿Abuso cibernético? Enseñémosles que no responder a la hostilidad cibernética es su mejor respuesta. En estos casos, contestar sería empeorar la situación. Bloquear al acosador es una muy buena alternativa.

Conversaciones difíciles

¡Qué giro tan grande nos da la vida cuando nuestros hijos van creciendo! Cuando eran pequeños, y sus preguntas eran tan sencillas como ¿a dónde se va el sol en las noches?, fuimos nosotras quienes les mostramos el mundo, quienes les dimos la información que queríamos que tuvieran. Esa fue una época en la que nos sentimos capaces de protegerlos de todo y contra todo.

Pero, en un abrir y cerrar de ojos, pasan los años y con ellos las preguntas aumentan, los temas se intensifican. Hasta las situaciones cambian. Sin embargo, algo maravilloso que tiene la vida es que todos vivimos esas mismas etapas que ellos están pasando. Y el simple hecho de poseer esa experiencia nos pone en una posición de ventaja.

¿Que es incómodo tener esas conversaciones difíciles? Por supuesto que sí. ¿Que no tenemos ejemplo a seguir porque no lo tuvimos con nuestros padres? Entendido. Sin embargo, depende de nosotras romper esa cadena y comenzar a tener esas conversaciones necesarias para que no solo estén preparados para el mundo, sino también para que tengan un ejemplo a seguir en el futuro con sus propios hijos o sobrinos.

¿A qué conversaciones difíciles me refiero? Estoy hablando de las conversaciones sobre el sexo, las drogas y hasta el mal al que estamos expuestos a través del terrorismo, los ataques en las escuelas y hasta las alertas Amber [alertas de secuestro infantil], por solo mencionar algunas.

Lamentablemente, no hay una guía o un libreto de cómo tener esa conversación. Pero algo que sí te puedo asegurar es que esperar a que ellos abran la puerta para comenzar la conversación ya se ve solo en las películas. Debemos dejarles saber que vivimos en un mundo en el cual, aunque nos sintamos seguros, puede pasar cualquier cosa y tenemos que estar alertas.

≈ Explicar sin aterrorizar ≈

Hace unos años, la administración del edificio donde están las oficinas en las que trabajo ofreció un entrenamiento sobre qué hacer si escuchábamos un tiroteo en el edificio. El capitán que brindaba la charla nos explicó qué hacer, cómo actuar y la necesidad de tener un plan. Y aunque en los momentos de pánico uno realmente no sabe cómo va a reaccionar, lo que sí sabemos es que no tendremos tiempo ni para pensar de manera lógica. Por eso, tener un plan es una buena idea.

Como parte del entrenamiento, vimos un video de las cámaras de seguridad de la masacre de la escuela secundaria de Columbine. Y aunque las cámaras de seguridad dentro de la escuela no tienen sonido, el Departamento de Seguridad Nacional pudo unir las voces de la llamada al 911 con las imágenes en el video. Fue una cosa espantosa y aterradora. Se podía ver como solo los niños que tuvieron una pequeña oportunidad de huir se arriesgaron y pudieron sobrevivir. Y los que no vieron la oportunidad, lamentablemente no salieron para contar su experiencia.

Durante toda la charla pensaba en mis hijos. Me decía: "Dios mío, ¿cómo los preparo para que estén a salvo y, a su vez, para que tengan la viveza y valentía de buscar posibles soluciones?". En otras palabras: ¿cómo les pinto una imagen real del mundo en que vivimos sin aterrorizarlos ni sembrar el miedo en ellos?

Recuerdo recoger a Andrea del colegio, luego de buscar a Santiago, y hablar con ella de lo que aprendí y de lo que tenemos que hacer en momentos como esos. Eso sí, hablábamos en clave para que Santiago no se diera cuenta, porque aunque necesita estar al tanto, la conversación con él tiene que ser de otro tipo. Para sorpresa de ambas, Santiago nos interrumpió diciendo: "Oh, ustedes hablan del *code red* [código rojo]".

Te digo de todo corazón que no podía creer lo que había escuchado. Hasta la misma Andrea me miró con cara de asombro. Antes de hablar del código rojo, quería dilucidar cuánto sabía de él. Santiago, con tan solo seis años, sabía exactamente lo que significaba y lo que tenía que hacer en caso de que esa emergencia en particular surgiera.

¿Quién iba a pensar que de un típico simulacro de incendios íbamos a pasar a un simulacro de ataque armado en las escuelas? Simplemente, ¡qué tristeza! Entonces, con esto en mente, ¿cómo les explicamos que a veces a personas buenas les suceden cosas malas? ¿Cómo les explicamos que vivimos en un mundo inseguro, sin crearles temor a la vida?

≈ Los vicios y el sexo ≈

De igual manera, hablemos de los vicios, un tema que no debemos evitar porque es muy importante. Hoy en día, nuestros hijos están expuestos a los cigarrillos, el alcohol y las drogas más de lo que nos imaginamos. Y lo peor de todo es que la juventud se las ingenia para tener el efecto que cree que necesita y logra obtener lo que sea que la lleve al nivel deseado.

Quedé impactada cuando vi un documental sobre la nueva moda en la generación universitaria en estos momentos. Los estudiantes están recurriendo a medicamentos, con o sin prescripción, para rendir más en las clases, para estar más alertas y, algunas veces, hasta para poder reponerse del cansancio sin dormir muchas horas. Lo que no saben, ni ellos ni muchos de sus padres, es que se convierte en un vicio que no pueden controlar. Llegan al punto de no poder funcionar si no es con esas drogas. Y cuando llegan al máximo "potencial" de la droga o sustancia controlada el cuerpo se vuelve inmune a su efecto, haciendo que recurran a otras alternativas, algunas de ellas mucho más fuertes y peligrosas.

Otro tema difícil del que tenemos que estar conscientes es el sexo. En mi caso, este es otro de los temas que mis padres no se sentaron a hablar conmigo y contestar alguna pregunta que tuviera. Simplemente, era un "tabú" hablarlo. Sin embargo, en la actualidad es algo a lo que no podemos voltearle la cara. ¿Por qué? Porque es un tema que la juventud de hoy en día maneja con mucha ligereza y facilidad. Sí, los tiempos cambian y como padres tenemos que ajustarnos poco a poco a estos cambios. Sin embargo, ajustarnos a ellos no significa que cerremos los ojos y dejemos que nuestros hijos encuentren las respuestas por sí mismos.

Las expectativas de estos tiempos no son las mismas que se tenían antes. Por ejemplo, llegar virgen al matrimonio era algo que quizá ni se hablaba en los hogares de nuestros bisabuelos. Era lo que se esperaba y la juventud de aquel momento lo tenía muy claro. Hoy en día, convivir primero antes de firmar el papel se está haciendo más común…, si es que se firma el papel en algún momento. Ojo, no estoy criticando ni mucho menos; no creo que esté libre de culpa para poder tirar la primera piedra. Simplemente, trato de poner el tema en una perspectiva objetiva y real. Después de todo, si hay amor, lo demás cae en su lugar en el momento apropiado. Pero tenemos que hablar del sexo y con la facilidad que actualmente se maneja.

Siguiendo la misma línea de pensamiento, hablemos de la orientación sexual. Esta generación actual promueve la aceptación a nivel universal. Sin embargo, todavía se ven actos de odio y de intolerancia, simplemente por la diferencia en nuestra orientación sexual. Recuerdo que mi sobrino tuvo una compañera de escuela por muchos años. Un verano, todos los padres de su aula recibimos una carta, muy hermosa por cierto, aclarando el cambio que había tenido la niña. Sus padres explicaban que la niña ya no lo era y pedían que aceptaran y respetaran a su nuevo hijo varón. Entiendo que es un acto para admirar a sus padres, ya que a pesar de vivir un duelo por la pérdida de una hija, apoyaban a ese ser tan maravilloso que trajeron al mundo. Y le pedían a todos que hicieran lo mismo, por su salud mental y hasta su seguridad. Desafortunadamente, son muchas las vidas de jóvenes que se han perdido por no haber sido aceptados ni en sus propios hogares.

Y qué me dicen sobre la desconfianza con la que se vive hoy en día. Recuerdo cuando tenía la edad de mis hijos. Llegaba de la escuela, hacía mis tareas y me iba a jugar a la calle con los vecinos. Sin embargo, actualmente, ni a la calle se les puede dejar salir por el miedo de saber el peligro que corren. Por eso, ya ni al vecino se le conoce ☹.

El año pasado, Santiago tuvo una clase distribuida en varias semanas en la que se hablaba de lo que era una caricia apropiada y una inapropiada, qué hacer si esta segunda ocurría y hasta tener un plan de acción. Y cuando lo llevo al chequeo general con su pediatra, ella, cuando le va a examinar sus partes privadas, siempre le deja saber que la única razón por la cual lo va a tocar es porque lo va a examinar y porque mami está presente. Que si no es así, nadie lo puede tocar en sus partes privadas.

Y así, lamentablemente, la lista puede ir creciendo. Nuestra intervención es la clave para hacer la diferencia. No esperemos que tengan la pregunta. Tomemos la iniciativa y hablemos con ellos teniendo en cuenta su edad y nivel de entendimiento. Solo de esta manera comprenderán que estamos aquí para servir como su filtro de información.

✔ *Para poner en práctica...*

No dejemos que nuestra propia incomodidad nos aparte de nuestros hijos. Rompamos esa barrera y sirvamos como refugio de información.

1. Habla siempre con la verdad. Recordemos que para que nos vean como filtro de información tienen que saber que les hablamos siempre con la verdad. No tapemos el sol con un dedo, no nos neguemos a la realidad y seamos honestas con nosotras mismas.

2. No dejes para mañana lo que puedes hacer hoy. Comencemos a edad temprana. Cada niño se desarrolla diferente y a su propio ritmo, pero hablar de estos temas difíciles es algo que no se puede prolongar. Si ellos no hacen preguntas, entonces elijamos cuándo hablar del tema.

3. Busca el momento apropiado. No hay ni una edad ni un momento perfecto para tener este tipo de conversaciones. Cualquier ocasión es buena, siempre y cuando reservemos el tiempo necesario para hacerlo. Lo peor que se puede hacer es dejar al niño con preguntas por no tener el tiempo para contestarlas.

4. Escúchalos. Nunca olvidemos que una conversación se basa en compartir ideas y pensamientos. No convirtamos la conversación en monólogo porque así los perderemos. Escuchemos sus preguntas y utilicémoslas como base para la conversación.

5. Oriéntalos poco a poco. La edad del niño es lo que va a determinar qué clase de información le daremos. Es importante que tengamos en cuenta la capacidad de asimilación y procesamiento de información del niño para evitar confusión.

Orgullo de quiénes somos y de dónde venimos

Jamás me imaginé que mantener viva mi cultura en la vida de mis hijos sería tema de conversación. Es decir, cuando vivimos en nuestro país natal, tanto la cultura como las costumbres son parte del día a día. Simplemente, sin pensarlo, se vuelven parte del aire que respiramos. Ahora bien, cuando vivimos lejos de nuestro país, exponerlos a sus raíces y enseñarles sobre ellas se puede volver un reto para todos. Vivir y criar una familia lejos de nuestra cultura nos hace mucho más sensibles. La valoramos y la respetamos más que si viviéramos en ella.

Aunque se nos ha hecho difícil, seguimos luchando con el uso del idioma español en la casa. Tanto mi esposo como yo siempre hablamos español entre nosotros y con los niños. Aunque hablamos un inglés muy bueno, lo hemos aprendido como segundo idioma, y como resultado nos sentimos mucho más cómodos hablando español. Aparte, te debo confesar que no es muy agradable cuando Andrea o Santiago nos corrigen alguna pronunciación equivocada (o más bien se burlan de ella ☹). Ojo, el detalle aquí no es de comprensión.

Y es por eso que seguimos luchando y no nos damos por vencidos para exponerlos diariamente al idioma español. Es increíble pensar que cuando Andrea tenía dos años de edad, nos mudamos a Los Ángeles. Un día, el preescolar nos pidió una reunión en la que nos dejaron saber que Andrea tenía problemas del habla. ¿Problemas del habla? Andrea siempre fue una cotorra ambulante. Bueno, resulta que la escuela pensó que tenía problemas del habla porque a sus dos años no sabía nada de inglés. Todo en la casa era español, con mi mamá, mi suegra, los programas de televisión. En fin, bombardeada por todos lados.

≈ Viaje a nuestras raíces ≈

Ahora bien, mantener viva nuestra cultura en casa va mucho más allá de hablar el idioma. Mantener viva nuestra cultura es ayudar a nuestros hijos a conocer nuestra historia, a tomarle cariño y a sentirse parte de la misma. Solo de esta manera podrán sentirse orgullosos de su origen y le darán importancia. Así aseguramos la continuidad de lo que nos hace ser quienes somos. No importa dónde nacieron nuestros hijos, sus raíces están bien grabadas en nosotras y es nuestra responsabilidad que el orgullo continúe.

Siempre procuro llevar a mis hijos a mi país de origen, Puerto Rico. No solo porque quiero que vean con sus propios ojos de dónde proviene su mamá, también porque parte de mi familia aún sigue allá. Recuerdo una de las primeras veces que llevamos a Andrea y a Santiago. Sentí una satisfacción inmensa cuando pude presenciar su conexión de manera casi instantánea y lo mucho que disfrutaron sus días en mi tierra. Sin embargo, aunque quisiera llevarlos más a menudo, simplemente, no es posible.

Andrea nació en Miami, Florida, y Santiago, en Los Ángeles, California. Pero te puedo asegurar que se sienten más puertorriqueños y colombianos que hasta nosotros mismos. En casa procuramos exponerlos a nuestra cultura de diferentes maneras. Por ejemplo, a través de la música, el baile, las comidas, los deportes, practicar tradiciones, por solo mencionar algunas de las maneras a las que recurrimos.

La música es un factor extremadamente importante en nuestro hogar. Ponemos música hasta para cocinar. Y aunque los muchachos tienen sus propios gustos de lo que es *cool* para su generación en estos momentos, han aprendido a disfrutar la salsa, el merengue, la cumbia, el vallenato, etc. Así como con la música, el baile les corre por la sangre. Enseñarlos a bailar desde pequeños es crucial para que ese deseo de aprender siga creciendo. El que nos vean bailar, y hasta pedirles que bailen con nosotros, es la prueba máxima de nuestro esfuerzo por incluirlos en lo que disfrutamos.

Ni hablar de las comidas. En mi casa la cocina es un factor elemental, no porque para nosotros comer sea un placer (☺ LOL), sino porque nuestras comidas son simplemente deliciosas. Y cómo no ayudarlos a desarrollar su paladar y gustos por nuestra comida casera.

Andrea y Santiago saben tanto de Roberto Clemente como de "el Pibe" Valderrama… ("¡Todo bien, todo bien!"). Les enseñamos que, aunque estemos a distancia, nuestro apoyo sigue estando vivo. Compramos camisas, gorras y hasta grabamos juegos de nuestros deportes favoritos. No te voy a negar que somos fanáticos de equipos y deportes de este país, pero eso no reemplaza nuestra pasión por los nuestros. Seguimos reuniéndonos y celebrando con amigos y familiares los partidos en vivo que se juegan en nuestros países.

≈ Que vivan las tradiciones ≈

Y ¿dónde dejamos las tradiciones? Te confieso que pongo todo mi esfuerzo para mantenerlas vivas aun en la distancia. Y mi esposo me apoya al ciento por ciento, incluso cuando no son tradiciones practicadas en su país.

Por ejemplo, en Puerto Rico, acostumbramos a pedir la bendición cada vez que nos saludamos y despedimos de alguien mayor. Y esto aplica hasta en las llamadas telefónicas. Hay días en los que hablo con mi mamá tres o cuatro veces y, cada vez que hablamos, empezamos y terminamos la conversación de la misma manera. Es decir, los días que hablamos cuatro veces se convierten en ocho pedidas de bendición y ocho bendiciones echadas. Es una señal de respeto. No te imaginas, con la locura en que vivo todos los días, las veces que le he pedido la bendición a mi esposo… *LOL*.

Los momentos especiales, como la Navidad, no son la excepción. El día que organizamos la casa con el espíritu navideño hay música de nuestros países en todo momento. O cuando preparamos las cajitas de zapatos con hierba para que los camellos coman cuando los Tres Reyes Magos pasen por la casa. Entonces se vive lo mejor de los dos mundos. Tenemos el nacimiento del Niño Jesús debajo del árbol mientras Ginger (el *Elf on the Shelf* [el elfo en el estante]) hace sus travesuras diarias.

También es importante mencionar que mantener relaciones con personas que queremos y amamos juega un papel importante. Para muchas de nosotras, si no para la mayoría, la familia siempre está unida compartiendo cada momento.

Recuerdo, de pequeña, no ver la hora para que las clases terminaran. Y es porque todos los veranos mis hermanos y yo prácticamente nos mudábamos a casa de mi abuela (a casi dos horas de distancia). Fue durante ese tiempo cuando surgieron mis mejores recuerdos de niñez, los cuales atesoro con el alma. Convivíamos con nuestros primos y primas, todos los días, todo el día. Ahora me pregunto, ¿cómo mi abuela podía lidiar con tantos muchachos a la vez? Pero lo hizo… y llena de mucho amor (o quizá conmigo porque soy una de sus preferidas... Shhhhh, no le digas a nadie ☺ *LOL*). Hoy en día, cuando la distancia separa a miles de familias, tenemos que utilizar la tecnología a nuestro favor para acortar distancias.

Y es que mantener estos detalles vivos en la casa no solo nos ayuda a enseñarles a nuestros hijos sobre sus propias raíces, sino que también nos sirve de apoyo, ya que, como inmigrantes, hemos experimentado lo que es dejar atrás nuestra tierra, familiares y amigos. Cuando digo *dejar atrás* me refiero al aspecto físico solamente, porque con nuestras acciones logramos sentirnos cada vez más cerca. Como dice el refrán: "Estamos matando dos pájaros de un tiro".

Cuando hablo de mantener viva nuestra cultura en casa, me refiero a exponer a nuestros hijos a ella constantemente. Es incluir lo que es importante para nosotros en el día a día y hacerlo parte de nuestra familia y rutina. Es convertirla en lo que nuestra familia hace de manera normal y natural. No tenemos que esperar el Mes de la Hispanidad para celebrar y conectarlos con lo que nos define, a lo que nos identifica, a lo que nos hace ser lo que somos.

✔ *Para poner en práctica...*

Si hay algo que nada ni nadie nos podrá quitar, es nuestro orgullo de saber quiénes somos y de dónde venimos. Ayudemos a nuestros hijos a cuidarlo y cultivarlo.

1. Inclusión. Incluir nuestra música, baile, comidas, deportes y tradiciones en nuestro día a día y hacerlos parte de lo que somos como familia es, simplemente, el principio para despertar su curiosidad.

2. Contemos nuestras experiencias. No hay nada más interesante para nuestros hijos que escuchar historias de nuestro pasado. Ayudémoslos a transportarse en el tiempo y a revivir momentos que los ayuden a entender de dónde somos.

3. Costumbres. Celebrar con nuestros hijos momentos importantes que tanto nos identifican hace que se despierte en ellos un sentimiento de "pertenencia" y una conexión con sus raíces.

4. Tecnología a nuestro favor. La Internet ha roto los parámetros de la distancia y el tiempo. Conversa cara a cara con tus hijos a través de la computadora o del teléfono inteligente. De igual manera, las redes sociales ayudan a compartir los momentos especiales con la familia.

5. Vacaciones. No hay nada más poderoso que la experiencia en vivo y en directo. Darles la oportunidad de visitar nuestro país de origen ayuda a los niños a conectarse y a tener una mejor perspectiva del lugar de donde vienen.

4

El nuevo "normal"

> **Despertar en el nuevo 'NORMAL' es como despertar en un planeta muy lejano y completamente desconocido.**
>
> JINNY

La flexibilidad siempre se ha clasificado como una cualidad. Pero te confieso que hoy en día es mucho más que eso: la flexibilidad se ha convertido en una habilidad. Y más aún cuando nos convertimos en madres. La realidad de todo esto es que si no tenemos la capacidad de adaptarnos a los nuevos cambios, no seremos catalogadas como *old school* [de la vieja escuela], seremos catalogadas como seres extraterrestres recién llegados de un planeta que nadie conoce.

La Internet

Hoy en día la tecnología ha avanzado tanto, y con ella el acceso a la Internet, que ya no es un lujo tenerla, más bien es una necesidad. Simplemente, se ha convertido en parte de nuestros días. Necesitas la Internet prácticamente para todo lo que haces a diario.

* **En el hogar:** Queremos preparar una cena diferente o una que vimos en la televisión, pero no sabemos cómo prepararla. ¿Qué hacemos? Entramos a la Internet y buscamos la receta y el procedimiento paso a paso.

* **En el trabajo:** No sabemos exactamente cómo hacer algo en un programa para el que no hemos recibido entrenamiento alguno. ¿Qué hacemos? Entramos a la Internet y buscamos cómo usar ese programa en particular y hasta cómo mostramos lo que queremos enseñar en el trabajo de una manera mucho más eficiente.

* **En las escuelas:** El acceso a la Internet se ha convertido en parte de la lista de materiales. Un porcentaje alto de las tareas son para hacerlas completamente en la computadora, con la fecha y hora determinadas en que deben ser enviadas al profesor. El niño llega y no sabe exactamente cómo terminar la tarea de matemáticas. ¿Qué hacemos? Entramos a la Internet y buscamos videos de cómo resolverla paso a paso.

Y así, de esta manera, la Internet ha roto barreras convirtiéndose en instrumento esencial de nuestra vida cotidiana. La Internet tiene el poder de poner información en la palma de nuestras manos y de hacerlo de una manera constante. Nos ayuda a tener acceso a información que, de otra manera, no hubiera sido posible obtener. Nos ayuda a viajar a otros países, y hasta a otros planetas, desde la comodidad de nuestro hogar. Nos ayuda a estar cerca de las personas que amamos y que físicamente están lejos de nosotros. En fin, la Internet ha revolucionado nuestra era, convirtiéndose en parte del "nuevo normal". Tan normal, que se nos hace hasta difícil imaginarnos nuestra vida sin acceso a ella.

≈ Los peligros del mundo virtual ≈

Pero como con todo avance, las desventajas siempre estarán presentes y saberlas reconocer es crucial para contrarrestar su efecto. Lo primero que tenemos que considerar es que la Internet es un campo de juego y un lugar público como cualquier otro. La diferencia está en que este campo de juego es de forma virtual. Hago esta comparación con un solo propósito. Te pregunto: ¿qué hacemos cuando llevamos a los niños al parque? No les perdemos pie ni pisada. Estamos muy alertas porque sabemos que, lamentablemente, existen personas que les pueden hacer daño. La cifra de los niños que desaparecen es escalofriante. Y lo peor es que esa cifra va aumentando cada día que pasa.

Ahora bien, en el campo virtual, los niños se exponen a otro tipo de peligro, pero de igual gravedad. A través de la Internet, los niños pueden tener acceso a información que no es apropiada para su edad. Esa información puede ser vista y utilizada inapropiadamente. Y nuestros pequeños (y no tan pequeños) hasta pueden tener contacto y comunicación con personas que no conocen, que se encuentran en cualquier parte del mundo. Y lo más asombroso de todo esto es que hasta pueden llegar a citarse y a conocerse personalmente. Escalofriante, ¿no crees?

A través de la Internet, las personas, especialmente los niños, pueden confundir lo que es un extraño y lo que representa. Es decir, ¿cuántas veces les hemos explicado a nuestros hijos la importancia de no hablar con extraños en la calle? Les hablamos del peligro que implica hablar con un extraño y del cuidado que debemos tener con las personas que no conocemos. El reto que se tiene con la Internet es que, después de algunos intercambios y comunicaciones, las personas ya no se consideran extraños y remueven ese sello de alerta. Accediendo así a una cercanía inapropiada.

Como puedes imaginar, a través de la Internet, los niños están expuestos a otro tipo de peligro y riesgo que los padres, simplemente, no se pueden dar el lujo de ignorar. Y nuestra adaptación a estos cambios es crucial para la seguridad y bienestar de nuestros hijos. Después de todo, si les enseñamos de manera constante a nuestros hijos a no abrirle la puerta de la casa a un extraño, no permitamos tampoco que se la abran a través de la Internet.

≈ Señales de alerta ≈

¿Recuerdas cuando mencioné que las madres no les perdemos pie ni pisada a nuestros hijos cuando los llevamos a jugar al parque? Entonces, la interrogante mayor es ¿cómo hacemos lo mismo cuando la plataforma del peligro no es evidente a simple vista? Y es aquí cuando las campeonas de la flexibilidad salen listas para salvar el día.

Las madres nos caracterizamos por siempre pensar en lo que podría suceder antes de que ocurra. Entonces, tenemos que estar preparadas, tenemos que estar pendientes de cualquier cambio de comportamiento que nos dé a entender que nuestros hijos están en peligro. Por ejemplo, una de las señales puede ser que pasan demasiado tiempo en línea, tanto así, que lo prefieren antes que dedicar tiempo a hacer cosas que solían disfrutar en familia. Otra señal puede ser descargar fotos de desconocidos a la computadora o al teléfono inteligente.

También, mantener sus actividades digitales en secreto o hasta tener comunicación a base de códigos que solo los que están hablándose pueden entender pueden ser señales de que nuestros hijos se comunican con un extraño y que algo anda mal. Sin olvidarnos de una reacción fuera de contexto o un cambio de actitud cuando les prohibimos el acceso a la Internet en un momento determinado.

Todas estas señales nos pueden levantar una banderita roja de alerta para tomar acción de forma inmediata. Y aunque no podemos negar que, en ocasiones, nos encantaría mantener a nuestros hijos aislados del medio que define el mundo en que vivimos, no es lo más apropiado ni saludable para ellos. No, amiga, lamentablemente, envolverlos en una burbuja de plástico no es apropiado. La verdad es que lo único que realmente podemos hacer es orientarlos, recordarles las reglas y vigilar su uso. Lo más poderoso que podemos hacer es enseñarles que ellos mismos son los que tienen la responsabilidad de lo que ven, lo que escriben y lo que comparten en línea.

Recuerdo cuando Andrea todavía estaba en la escuela elemental y me tocó darle mi *laptop* para que pudiera completar sus tareas. Fue en esta época cuando comenzó a conocer los juegos en línea. Sus amigos del aula hacían citas para poder encontrase todos y jugar juntos. El problema es que, en ese juego en particular, no podías limitarle el acceso a personas que no conocías. Fue cuando le comenzamos a hablar del peligro que esto representaba y su responsabilidad de utilizar su acceso de una manera saludable y apropiada. Hicimos un acuerdo, Andrea podía seguir jugando en línea siempre y cuando lo hicieran solo con personas que conocía.

Recuerdo una ocasión, luego de haber establecido el trato, que mi esposo entró al cuarto y sintió que se le paralizó el corazón.

Andrea cerró la pantalla de la computadora de forma inmediata. Como padres, sabíamos que estaba haciendo algo que no apro- bábamos cuando reaccionó de esa manera tan drástica. Cuando le hablamos de lo sucedido, de lo que pensábamos que estaba su- cediendo y de la impotencia que nos hacía sentir, nos confesó que sí estaba jugando en línea con extraños. Fue así como, aparte de quitarle el acceso a esos juegos en línea, aprovechamos para mos- trarle videos de estudios a nivel social del peligro que estos actos representaban.

Y así, a través del uso de la Internet pudimos mostrarle el peligro en vivo y "en directo". Videos y documentales que la ayu- daron a entender que lo que le decíamos, y las precauciones que tomábamos, no eran por un simple capricho, sino resultado de las mismas desventajas del acceso a la Internet. También aprovecha- mos para recordarle todos los beneficios que nos proporciona la Internet y que no nos debemos desviar de su uso apropiado.

✔ ## Para poner en práctica...

La idea no es convertirnos en "Guardianes de la Internet", sino darles una buena base moral que los ayude a tomar decisiones a la hora de navegar por la red.

1. Lugar del acceso. La computadora debe tener un lugar determinado en la casa y este debe ser visible en todo momento.

2. Límite de uso. Siempre es prudente mantener unas horas fijas para el uso de la Internet en la casa. Es decir, si los niños salen del colegio a las tres de la tarde y no están listos para hacer tareas hasta las seis de la tarde, entonces el acceso debe ser a partir de esa hora y por un tiempo determinado. Todo depende del grado escolar del niño y la frecuencia del uso necesaria para sus responsabilidades académicas.

3. Programas de protección. Tanto en las computadoras como en los teléfonos inteligentes, los programas de protección deben estar activos. De esta manera, el acceso a ciertas páginas web que pueden representar una amenaza puede ser bloqueado de forma inmediata.

4. Comunicación con códigos y abreviaturas. Como madres tenemos la oportunidad de estar al tanto de las nuevas *trends* [tendencias] en la Internet. Solo manteniéndonos al día de estas tendencias podremos identificar alguna actividad fuera de lo normal, de la cual nuestros hijos quizá no quieran que nos enteremos.

5. Háblales con la verdad sobre el peligro. Prevengámoslos sobre la poca sinceridad del contenido de algunos sitios web y expliquémosles que, desafortunadamente, algunas personas cambian su identidad cuando se comunican en la red. Nuestra misión es alertarlos, no asustarlos.

Distracción constante

Hace unos meses, hablaba con mi hermana sobre los objetos que formaban parte de nuestra vida cuando éramos pequeñas. Nos saltaban las risas y hasta las lágrimas al recordar esos momentos que tanto atesoramos. Te confieso que nos quedamos sorprendidas al pensar que nuestros hijos nunca usarán la mayoría de esos objetos.

¿A qué me refiero? Bueno, aquí una pequeña lista… ¡Prepárate para transportarte!

* Los papelitos blancos para borrar en la máquina de escribir.
* Los casetes de música en los que grabábamos las canciones que disfrutábamos. Y ni hablar de la conexión entre esos casetes y los lápices (solo nosotras sabremos cómo devolver la cinta sin que se parta).
* Los *walkmans* en los que podíamos escuchar nuestra música preferida sin estar conectados a nada.
* No nos olvidemos cuando salió el *Discman* para escuchar la música de los CD… Parecía un objeto espacial.
* Los *computer disks* [disquetes], esos cuadrados en los que grabamos nuestros primeros trabajos en Word.
* Y para concluir, los *bipers* [localizadores], sí, esos en los que solo podíamos recibir y leer mensajes.

Y así, de una simple conversación surgió un despertar y un reconocimiento de que los seres humanos vivimos en una adaptación constante. Los avances de la tecnología hacen que estemos en una transformación y crecimiento permanentes. Hoy en día, las computadoras, las tabletas y hasta los teléfonos inteligentes son parte del uso diario, tanto en los trabajos como en las escuelas, convirtiéndose en herramientas cruciales. En los trabajos, el acceso a la tecnología está a la orden del día. Ya ni la distancia es un impedimento para tener reuniones con personas en otros estados o hasta en otros países. En las escuelas, los niños no solo tienen tareas en papel, sino que también tienen tareas en línea con las que su puntualidad y rendimiento son evaluados.

¿Quién diría que nuestros hijos manejarían estas herramientas hasta mejor que nosotras mismas? Y a esto se le llama adaptación. Estos avances hacen que tengamos acceso a información y que estemos conectados con el mundo exterior de una manera extremadamente rápida y, de seguro, inimaginable varias décadas atrás. Sin embargo, así como disfrutamos de los beneficios de los avances de la tecnología y lo que representan en nuestra sociedad, también tenemos que reconocer que vienen acompañados de una cantidad de nuevos retos, los cuales tenemos que superar.

Por ejemplo, hoy en día, los niños viven en una era en la que, a través de la tecnología, tienen acceso constante a un universo de fantasía mediante un aparato que fácilmente pueden sostener en sus manos. Lamentablemente, este mundo de fantasía puede mantenerlos conectados y, como resultado, alejarlos del mundo real que los rodea. Tanto es así que hace que se sientan incapaces de divertirse sin esta conexión constante.

Estoy segura de que estabas asintiendo con la cabeza en señal de aprobación mientras leías la lucha que se tiene con los muchachos y su desconexión con el mundo real. ¿Quién no ha tenido que pedirles en algún momento que, por favor, se sienten con nosotras a hablar y dejen esa extensión de sus manos en el cuarto? Tanto es así que existe una gran cantidad de estudios y debates en los que se explora el tiempo apropiado que debe pasar un niño con los juegos electrónicos. Y es que el tema de conversación existe simplemente porque estamos buscando una adaptación a este nuevo fenómeno.

≈ Tiempo para la tecnología ≈

Como madres, nuestro entendimiento e intervención es crucial para asegurarnos de que este tipo de distracción no los consuma y los arrope en una nube de aislamiento. El otro día participé en una charla para los padres ofrecida en el colegio de Andrea en la que el tema principal era el efecto negativo de la tecnología. Y el "tiempo invertido" fue la sesión más popular de la charla.

Las madres hemos tenido que recurrir al famoso *timer* [temporizador] para que los niños sepan cuándo tienen que parar. O a reglas muy bien definidas como, por ejemplo: cero juegos hasta el fin de semana o solo cuando terminen todas sus tareas escolares (y con la cantidad de tareas que están asignando hoy en día, simplemente no llegan a tener tiempo para jugar). En fin, reglas que ayudan a que la distracción no se convierta en parte de la rutina diaria de nuestros hijos.

Sin embargo, un aspecto importante de este tema que debemos recalcar es el tiempo que nosotras mismas pasamos "ocupadas" con la tecnología. Sí, así como lo leíste… En la actualidad, somos nosotras, las adultas, las que necesitamos ayuda para mantenernos alejadas o desconectadas de la tecnología.

Y, como resultado de nuestra ausencia por causa de la tecnología, se ha creado un nuevo término: "huérfanos cibernéticos". Este nuevo concepto se ha creado para describir a la nueva generación de niños. Esta es la generación de niños que, aunque tienen a sus padres presentes en sus vidas, viven como si no los tuvieran. ¿Por qué? Porque se han perdido en los avances de la tecnología y no están en el "aquí y ahora" de sus días.

Es que el avance de la tecnología tiene muchos beneficios para nosotras las madres. Gracias a la tecnología, algunas madres podemos trabajar remotamente. En otras palabras, no tenemos que reportarnos a la oficina porque desde la casa tenemos todo lo que necesitamos para ejecutar nuestro trabajo. Sin embargo, esto también representa una desventaja… y es lo difícil que se nos hace desconectarnos, provocando que nuestra distracción sea constante.

Y si a esto le sumamos el mismo peligro que corremos las madres de caer en las garras de las redes sociales o los textos, pues peor aún. Tanto es así que sin darnos cuenta ponemos nuestras vidas y las de nuestra familia en peligro. Y digo sin darnos cuenta no porque no sepamos lo que estamos haciendo, sino porque no pensamos en lo que nos puede suceder a nosotras. Hablo de los accidentes automovilísticos. Es alarmante ver cómo las cifras de los accidentes de auto a causa del uso de los celulares van aumentando día a día.

El celular se ha convertido en una extensión de nuestro brazo y tenemos que crear conciencia. Tenemos que entender que, de la misma manera en que les enseñamos a nuestros hijos todo lo que saben, el ser responsables con el uso de la tecnología no es la excepción. Tenemos que entender que algún día ellos tendrán un auto y manejarán. Es nuestra responsabilidad enseñarles que, así como el cinturón se pone de forma automática tan pronto se suben al auto, desconectarse del celular también es parte de la rutina responsable en la carretera.

Estos son peligros físicos, sin embargo, no podemos olvidarnos de los peligros emocionales que la tecnología está causando. ¿Quién no ha visto a padres sumergidos en los teléfonos en el parque mientras los hijos practican un deporte organizado o simplemente se divierten? O quizá hemos sido nosotras mismas. O esas mesas en los restaurantes en las que ya nadie habla porque están todos conectados a ese aparatito tan pequeño, pero poderoso a la vez, si no es que ya ocurre en nuestro propio hogar.

Precisamente ayer, Santiago, al ver a Andrea conectada al celular mientras veían un programa de televisión (que me imagino que Andrea no estaba viendo), me preguntó: "¿Los teléfonos se inventaron solo para hacer llamadas?". A lo que respondí que sí, que antes eran para llamadas y nada más. Y me contestó algo tan cierto como que el sol saldrá mañana: "¡Guau! y después inventaron todo lo demás…, con razón crea tanto vicio". Al preguntarle a qué se refería con "todo lo demás", me contestó: "Es que ya los teléfonos son como una computadora, tienen todo ahí". Sí, no te miento, me sorprendió que un niño de nueve años hubiera usado estas palabras.

Solo nosotras podremos hacer una diferencia y romper con el hábito, o con el vicio, como dice Santiago, de permanecer conectadas cada segundo. Esto es tanto necesario para nosotras como para nuestra familia. ¿En algún momento te has puesto a pensar por qué las vacaciones son tan refrescantes? Bueno, una de las razones primordiales es porque nos desconectamos, porque estamos presentes y porque vivimos el momento. Te confieso que hace varios años me di cuenta de que me estaba sintiendo muy ansiosa y este sentimiento tan incomodo me estaba ocurriendo ya todos los días. Como consejera, al fin, comencé un diario para determinar qué estaba causando mi ansiedad. Después de dos semanas de grabar lo que sucedía, pude determinar que mi ansiedad surgía todos los días a las cuatro de la tarde. Sí, a la misma hora que llegaba a la casa con los muchachos. A la hora de darles la merienda, de ayudar con las tareas, de preparar la cena… y, encima de eso, atendía cuanto *email* de mi trabajo recibía. No es de extrañar mi ansiedad, quería hacer veinte cosas a la vez.

Es triste ver cómo los avances de la tecnología que se crearon para conectarnos están logrando que nos desconectemos de las personas más importantes en nuestras vidas. Pero con cada cambio, una nueva adaptación es necesaria. No tenemos que esperar a irnos de vacaciones para estar presentes en el día a día. Estemos conscientes de lo que estamos haciendo y tengamos la fuerza de voluntad para cambiarlo.

✔ ## Para poner en práctica...

ADAPTACIÓN: Desconectarnos para conectarnos...

1. En el auto. Asegúrate de que el celular se conecte con el *bluetooth* del auto al entrar en él. De esta manera no te distraerás con los textos y quien te necesite de verdad, te llamará. Si no tienes *bluetooth* en el auto, simplemente coloca el celular dentro de la cartera y esta en la silla de atrás, lejos de tu alcance.

2. Silenciador. Algo que me ha servido muchísimo es activar el silenciador en el teléfono en momentos cruciales. Por ejemplo, cuando estoy estudiando con Santiago, cuando hablo con Andrea o cuando me siento a ver una película en casa. Solo de esta manera hacemos que las notificaciones y alarmas no sean una tentación para desconectarnos de la realidad y del momento.

3. Eduquemos a los que nos rodean. Dejémosles saber a nuestros familiares, amigos y hasta colegas de trabajo que a partir de cierta hora no estamos disponibles porque estamos con nuestros hijos. De esta manera, sabrán que les contestarás en el momento que puedas. Se requiere un tipo de educación. Por ejemplo, en ocasiones, Andrea (la nueva generación que prefiere enviar textos a llamar) me enviaba textos en la mañana mientras yo manejaba a la oficina, los cuales veía ya tarde, al llegar a mi destino. Entendió que mientras manejo no voy a leer textos, y si es de urgencia (como "¿Dónde está mi correa del colegio?") tiene que llamarme.

4. Canasta en la entrada de la casa. Coloquemos una canasta en el vestíbulo de la casa para que los equipos electrónicos sean

colocados ahí al entrar. Sé que esto puede representar un reto para todos en la familia, pero, para que sea efectivo, comienza, por lo menos, al momento de comer.

5. No caigamos en el vicio. Sería ilógico decirles que no me gustan las redes sociales. A través de ellas siento que estoy conectada con las personas que aprecio a pesar de la distancia. Me gusta ver cómo ha crecido la hija de mi amiga o cómo sigue la salud de la esposa de mi amigo o los logros que tienen mis amigas en sus carreras. En fin, la lista puede continuar. Sin embargo, también me he dado cuenta del tiempo que se invierte. Y si no tomamos control, nos hundimos en ellas. Tengamos límites y balance para que no representen un desafío.

¿Es tiempo para un celular?

Seguimos en la misma línea de pensamiento de la sección anterior, en la cual exploramos la nueva realidad en la que vivimos. Esa realidad en la cual tenemos que luchar por estar desconectados de la distracción para así tener la oportunidad de conectarnos con las personas que nos rodean. Con esto en mente, te invito a explorar el tema del momento: los teléfonos celulares. Sí, no creas que estoy exagerando, los celulares son el tema del momento. ¿Por qué? Porque cada vez pareciera que disminuye más la edad en la que un niño tiene un teléfono celular propio.

Te hablo de mi experiencia. Te confieso que el primer teléfono celular que tuve fue el que pude comprarme con el dinero que ganaba en mi primer trabajo. Sí, a los 18 años. Entiendo y está muy claro que eso fue hace muchos años y que vivimos en otros tiempos. Sin embargo, cada vez me sorprendo más cuando veo a niños con teléfonos celulares en sus manos. Me sorprendo porque me pongo a pensar a quiénes tienen que llamar si a esa corta edad siempre están con los padres.

Por ejemplo, recuerdo cuando Santiago estaba en *kindergarten* y llegó a la casa hablando de la noticia del día. Una compañerita de clase recibió un teléfono inteligente como regalo de cumpleaños.

No sabes cuántas veces se me han acercado madres muy preocupadas por saber a qué edad es apropiado regalarles un teléfono celular a sus hijos. Y es que, para ser honesta, no hay una regla de oro que determine la edad exacta para esto. Lo único que sí te puedo asegurar es que la única regla que se debe tomar en consideración es la necesidad y, más importante aún, la capacidad del niño de entender su uso.

Como madres, no podemos negar que nos da mucha tranquilidad poder estar en contacto con nuestros hijos en todo momento. Y más ahora que, lamentablemente, vivimos en unos tiempos en los que las tragedias están a la orden del día. Sin embargo, la capacidad del niño para entender los límites y la responsabilidad que tener un celular conlleva es la clave para determinar cuándo damos ese paso.

≈ Supervisión a otro nivel ≈

Un celular, aparte de representar una distracción constante, expone al niño a un sinnúmero de peligros de los que las madres tenemos que estar conscientes. Creo que por eso Andrea fue la última en su clase en tenerlo. *LOL*… No muy gracioso para ella. Si supiera que lo tuve conectado y listo para ella casi dos meses antes de dárselo, peor. Pero es que el pensar en una nueva "capa" de preocupaciones y supervisiones me quitaba el sueño.

Un día, Andrea llegó del colegio contándome que una de sus amigas estaba castigada y le habían quitado su teléfono. Me sorprendí, porque es una de las amigas que se va en el bus escolar hasta su casa y que siempre está hablando con su mamá. Le pregunté: "¿Y entonces cómo hace en las tardes?". A lo que Andrea me explicó que el castigo había sido quitarle su iPhone y darle un *flip phone* [teléfono plegable] para que solamente pudiera comunicarse. "La verdad, no sé a quién habrá matado", añadió en su explicación ☺. Es que hoy en día, para los muchachos, eso es un castigo del tipo "cadena perpetua".

Actualmente, no solo hablamos de darles una línea para que nos puedan llamar. Darles un celular a nuestros hijos envuelve mucho más que eso. Hablamos de un teléfono inteligente, con el que se están conectado a la Internet y a las redes sociales en todo momento. ¿Ya ven por qué la supervisión es a otro nivel?

Con el acceso a la Internet, tenemos que aplicar los mismos métodos de seguridad y control que tenemos en la casa. No existe diferencia alguna. Tenemos que cuidar de su inocencia y asegurarnos de que las páginas y sitios web que visitan sean apropiados y no los expongan a información que consideramos no apta para su edad y entendimiento.

Ahora bien, cuando hablamos de las redes sociales es como si habláramos de un animal completamente diferente. A la vez que nuestros hijos van creciendo, su círculo de amistades va creciendo con ellos. Y las redes sociales son simplemente un camino más para lograrlo. Esto de los teléfonos inteligentes es una vertiente más para mantenerse comunicados con diferentes plataformas.

Instagram, Facebook y Snapchat son algunas de las que puedo recordar. Y aunque estas nuevas plataformas pueden ampliar sus círculos de "amigos", también pueden exponerlos a otras personas con no muy buenas intenciones. Y esta es una realidad a la que no podemos voltear la cara.

¿Dejaríamos a nuestros hijos solos en el cine o en un centro comercial? La respuesta es: todo depende de la edad del niño. ¿Por qué? Porque sabemos del peligro que esto puede representar. Sabemos que los niños tienen que ser lo suficientemente maduros para poder detectar el peligro y saber cómo estar a salvo.

Darles un teléfono celular es exactamente lo mismo. Con todo el acceso a información que tienen en la palma de la mano y la distracción que esto representa, para mí, es como dejarlos solos en un lugar desconocido.

Es por eso que no existe una edad mágica o una regla de oro que determine la edad exacta para darles un teléfono celular a nuestros hijos. Debemos ir caso por caso: todo depende de la necesidad y la madurez que tengan para entender la responsabilidad que esto conlleva.

Cuando decidimos darle el teléfono celular a Andrea, llegamos a un acuerdo en el cual todos estábamos muy claros, incluyéndola a ella. El acuerdo constaba de tres áreas importantes:

* Clave para desbloquear: Andrea siempre ha tenido la libertad de cambiar su clave de acceso cuantas veces quiera. Especialmente cuando ve que ya Santiago se la aprende… *LOL*. Sin embargo, parte del acuerdo es que no podía cambiar mi clave para entrar. Siempre tengo acceso a su teléfono sin tener que pedirle su clave.
* Cuidar del equipo: le explicamos lo costosos que son los teléfonos celulares hoy en día. Nosotros le regalamos el celular, pero es su responsabilidad cuidarlo y mantenerlo. En otras palabras, si se rompe o si lo pierde, tiene que esperar a recaudar los fondos para arreglarlo o reemplazarlo.
* Visitas sin aviso: parte del acuerdo consistía en saber que, de vez en cuando y de cuando en vez (como diría mi Reina Madre), entraría a ver el contenido de su teléfono. Esto no lo veíamos como invasión a la privacidad, sino como parte de mi responsabilidad como madre de asegurarme de que todo está bien y bajo control.

¿Qué queríamos lograr con este acuerdo? Queríamos que entendiera varias cosas. Número uno, que la consideramos lo suficientemente madura como para tener un teléfono celular. Número dos, que confiamos en ella y le estamos dando la independencia que conlleva tener un teléfono celular. Y número tres, y no menos importante, que tener un celular es un privilegio para ella y no una obligación para nosotros. Que cuando lo consideremos necesario, ya sea por bajar su rendimiento académico, no hacer uso adecuado del celular o no cuidar del equipo, ese privilegio se le puede quitar.

Como con todo lo que envuelve la educación de nuestros hijos, la comunicación es la clave. Con una buena comunicación, se les enseña a nuestros hijos lo que realmente implica tener un teléfono celular. Y lo que esperamos de ellos al tenerlo.

✔ ## Para poner en práctica...

Hablarles de la responsabilidad que implica tener un teléfono celular es tan importante como enseñarles a cruzar la calle.

1. Límites. Dejarles claros los límites que tienen es crucial para establecer el desarrollo de buenos hábitos. Por ejemplo, el horario permitido para su uso, con quién pueden comunicarse y qué aplicaciones tienen permiso para bajar.

2. No se hacen invisibles. Podrán mantener el teléfono celular siempre y cuando no reemplace su presencia en momentos especiales e importantes. Por ejemplo, NO celular mientras se come, NO celular mientras se estudia o se hacen las tareas, NO celular mientras...

3. Control parental. Deben tener muy claro que, como madres, estaremos monitoreando esporádicamente la actividad del teléfono, las llamadas que hacen, los textos que envían, las páginas que visitan, etcétera.

4. Fuera del cuarto. Algo que me ha ayudado muchísimo es mantener los cargadores en la cocina. De esta manera me aseguro de que cuando sea hora de dormir, no estará distraída con el teléfono celular. Solo los fines de semana puede cargarlo en su cuarto.

5. Moral en línea. Siempre hablamos de contenido apropiado, pero ¿realmente sabrán a lo que nos referimos? Pues bien, aquí algunos de los ejemplos que uso con Andrea. No puede decir (o escribir) nada que no se atreva a decir en persona. No tomar

fotos o videos que le dé pena ver conmigo. En lugares públicos, mantener el teléfono celular en silencio o en vibrador para que no le obstaculice estar presente.

Generación selfie

Siempre me ha sorprendido ver cómo, con el pasar de los años, nuevas tendencias y modas surgen. Y, con esas nuevas tendencias, aparecen nuevos términos y hasta se identifican enfermedades. Por ejemplo, ¿hace diez años quién se iba a imaginar que el síndrome de cuello de texto existiría? Nadie, porque antes el uso del celular no era un problema. Sin embargo, hoy en día, su uso es constante, haciendo que cada vez más usuarios tengan que recurrir a pastillas o al quiropráctico por el dolor crónico con el que viven.

Y así, con los nuevos avances surgen nuevos retos. Hablemos del nuevo concepto de la famosa "generación *selfie*". Sí, esa generación que se pasa compartiéndole al mundo todo lo que hacen… o no hacen. "Foto y comparte" es la mejor manera para describir a esta nueva generación.

Son los que no ingieren su comida o hacen que se tenga que esperar con cuchara de postre en mano hasta tomarle la foto al plato o los que llegan a un lugar y no pueden parar de tomar fotos; privándolos hasta de disfrutar el momento en el lugar. En otras palabras, llega la comida…, foto y compartir. Llega el postre y no importa que el helado se derrita…, foto y compartir. Se llega a un lugar…, foto y compartir. Se está solo…, foto y compartir. Se está acompañado…, foto y compartir.

Estoy segura de que no te hablo de algo desconocido. Quizá el concepto sea nuevo para algunas, pero de lo que hablo, no. Es más, estoy segura de que todas conocemos a alguien que cabe muy bien en esta descripción. Y hasta quizá tenemos a esa persona en nuestra misma casa.

Y es que ya estamos viviendo en un mundo de la comunicación, donde todo se expone y todo se comparte. Y esto es lo que está de moda entre los adolescentes. Es como si no compartir lo que se hace, fuese sinónimo de no haberlo hecho. Pareciera una necesidad.

Hoy en día, esta generación *selfie* tiene otras prioridades y quizá vivir el momento no lo es. Es como si lo que pasara a su alrededor ya no fuera importante. Lo importante es lo que les sucede a ellos y compartirlo con los demás. Esta generación tiene muchas características específicas de su tiempo. Tanto es así que a veces son ellos los que parecen que vienen de otro planeta.

Esta generación es la generación que se siente más cómoda con todo lo que tiene que ver con la tecnología. Esta es la generación de los muchachos que pareciera que prácticamente tienen ya un teléfono celular o un iPad en la mano al momento de nacer.

≈ Compartir en exceso ≈

Otro concepto nuevo de estos días es el *oversharing* [compartir demasiado]. Dios mío, ¡desde cuándo el compartir tiene un límite! Bueno, desde que se hizo excesivo. Sí, así como lo lees. El compartir de manera excesiva puede traer consecuencias negativas y a largo plazo. Y es que ahora lo que se comparte queda grabado y es accesible. Es más, hoy en día es un poco preocupante no encontrar nada sobre una persona en la Internet. Pero compartir de manera excesiva puede representar un problema ahora o en el futuro.

Es decir, en nuestras manos queda lo que queremos y deseamos compartir; sin embargo, una vez publicada, perdemos el control sobre esa información y esta queda a merced de todos. Digo todos porque me refiero tanto a conocidos como a desconocidos. Y esto sí es algo preocupante y escalofriante.

El otro día, venía en el carro con Andrea y escuchamos la noticia de que a un muchacho que había sido aceptado para comenzar en una universidad muy conocida de aquí de la Florida le habían negado la admisión. Sí, le notificaron que no sería admitido en la universidad por algo que había publicado en sus redes sociales y que iba en contra de los valores y la visión de la institución. Pareciera de mentira esta noticia, ¿no crees?

También se han hecho muy populares los casos en los que algunas personas hasta han perdido su trabajo por lo que han publicado en sus redes sociales. Y aunque su vida privada es reconocida como privada, lo que publican en sus redes es considerado parte de su ser. Y las compañías no van a permitir tener a un integrante de su familia que apoye, crea o actúe de manera inapropiada y en contra de la organización a la que pertenece.

En muchos de los hogares hoy en día, desde que nuestros hijos abren las pestañas hasta que las cierran, se la pasan compartiendo cada paso que dan. Se ha creado ya hasta un hábito. Sin embargo, así como hablar de una edad específica a la cual darle un teléfono celular a un niño es como entrar a un callejón sin salida, hablar de ¿cuánto es compartir mucho? nos lleva al mismo callejón. No hay una ecuación mágica que diga: si compartes X número de veces en un día en esta plataforma social, significa que ya estás entrando al *oversharing*.

Sin embargo, uno de los aspectos negativos de la sobreexposición es que, mientras más compartes, más personales son tus *posts* [publicaciones]. Y obviamente, mientras más información personal publicas, más expuesta estás ante todos.

Aunque soñemos con vivir en un mundo perfecto, todas tenemos muy claro que no vivimos en uno así. El que quiere hacer daño lo hace y, en ocasiones, el *oversharing* simplemente permite que sea mucho más fácil.

Tenemos que enseñarles a nuestros hijos que los datos personales son aquellos datos que hacen que una persona que no es cercana a mí pueda descubrir dónde vivo, a qué escuela voy y hasta qué lugares frecuento.

Con esta misma idea que exploramos anteriormente, de saber que nuestros hijos viven conectados y compartiendo constantemente en las redes sociales, nos preguntamos: ¿cuál es la imagen que están proyectando?, ¿será una imagen muy lejana de la realidad? El último concepto que me gustaría que exploráramos es el de "realidad *vs.* fantasía". Como en la sección "Una imagen distorsionada", las redes sociales son el nuevo camino, y el más constante, en el que con una fina línea se sumergen sin darnos cuenta.

Lamentablemente, las redes sociales se han convertido en un nuevo camino para promover lo que no es real y hasta aparentar algo que simplemente no se es. Durante el verano pasado, acompañé a Andrea al cine para ver la película *Eight Grade*, en español *Octavo Grado*. Te confieso que el tema y el mensaje me encantaron. Habla precisamente de esto…, de las apariencias, del deseo de ser aceptado y de la necesidad de aparentar lo que no se es. Aparentar que se está contento cuando no se está. De aparentar que se posee una personalidad que en realidad no se tiene. De, incluso, aconsejar a los demás que hagan algo que, en realidad, ni ellos mismos se atreverían a hacer.

Y es que si uno no vive seguro de quién es o no se acepta tal como es, las apariencias pueden ser un escape y el método de defensa para lidiar con estos sentimientos. Ahora bien, si nos ponemos a analizar que la generación *selfie* la forman los adolescentes de hoy en día, esto es mucho más preocupante aún. ¿Por qué? Porque durante los años de la adolescencia el aspecto social es uno de los más importantes en sus vidas. En ellos, el qué dirán tiene mucho valor. Y es un momento en el que uno realmente no sabe ni quién es todavía. Es por eso que estar al tanto de lo que nuestros hijos suben y comparten en las redes sociales es crucial para ayudarlos a formar su propia imagen y realidad.

En fin, si pensamos en todos los peligros que representa compartir de manera inapropiada en las redes sociales, simplemente no dejaríamos que nuestros hijos tuvieran una cuenta hasta que tuvieran por lo menos 30 años de edad. Y estoy casi segura de que fracasaríamos en el intento. Nuestra guía y ayuda es crucial.

✔ ## Para poner en práctica...

Ayudarlos a disfrutar de lo que es tendencia hoy en día es importante. Pero más importante aún es ayudarlos a utilizar el sentido común para mantener los pies en la tierra.

1. Permiso. Como siempre, la comunicación no puede faltar. Debemos dejarles saber que requieren de nuestro permiso para poder bajar y registrar una cuenta en cualquier plataforma. Solo de esta manera podremos saber cómo funciona y a lo que se están exponiendo.

2. Síguelos. Si supieran la cantidad de cuentas y aplicaciones que tengo y no publico nada. Lo único que hago con las cuentas es seguir a mi hija. No solo para ver lo que comparte o no, sino también para ver la información y los comentarios que recibe de sus mismos seguidores.

3. Perfil privado. Pedirles que mantengan su perfil privado es una práctica muy buena para minimizar las posibilidades de extraños teniendo acceso a la información que comparten. Es nuestra responsabilidad advertirles que solo acepten los pedidos de personas que conocen y que están en su mismo entorno.

4. Conexión real. Debemos recordarles que toda esta nueva era es un mundo diferente con muchas ventajas y desventajas. Que estos avances nunca fueron destinados a reemplazar las relaciones y conversaciones reales que se puedan tener cara a

cara. Exhortémoslos a seguir con su tiempo de compartir con la familia y con las amistades que los quieren.

5. Confianza y privilegio. La edad de la adolescencia es muy peculiar, porque los niños tratan de conocerse y de establecer una relación de confianza consigo mismos. Darles la oportunidad de ser parte de las redes sociales es una muestra de nuestra propia confianza en ellos. Pero como en todo, debemos recordarles que los privilegios los ayudan a aumentar su responsabilidad y el buen uso de ellas.

¿Aburrimiento sin ella?

No dejo de asombrarme al ver cuán diferente es la rutina de los niños hoy en día de la que era mi rutina cuando tenía su edad. Y me imagino que no soy la única asombrada. Recuerdo llegar a la casa, terminar mis tareas y salir a jugar con mis vecinos. No regresaba a la casa hasta que escuchaba a mi Reina Madre llamarnos, o más bien gritarnos, desde el balcón. Cuando nos llamaba era para que nos diéramos un buen baño y luego, a cenar. Y así terminábamos nuestro día. Estoy casi segura de que viviste una niñez mucho más parecida a la mía que a la de nuestros propios hijos, ¿no crees?

Antes, el tiempo que se pasaba fuera de la casa era simplemente parte del día. Era parte de nuestra rutina y no era ni siquiera un tema de conversación. Nunca escuché a mis padres decir: "Estamos preocupados porque no pasas tiempo suficiente en tu cuarto". Sin embargo, hoy en día, buscar momentos en que los niños tengan actividades al aire libre es como buscar una aguja en un pajar. Hoy en día, el tiempo al aire libre sí es tema de conversación y es increíble pensar que, lamentablemente, algo que era natural ya se tiene que planificar.

Para hacerle un poco de justicia al asunto, debemos reconocer que, así como sabemos que los tiempos de antes eran diferentes a los de ahora, el aspecto de la seguridad no es la excepción. Estamos viviendo en un mundo en el que ni los vecinos se conocen. Donde, por las noticias y tragedias que escuchamos a diario, la desconfianza tiene que ir colgada de nuestra blusa y la sobreprotección ya no es una opción, sino un requerimiento. Lo que quiero comunicar con esto es que, a veces, por el peligro que representa estar fuera de la casa, hemos recurrido a actividades que se hacen dentro de ella.

Es decir, no podemos negar que en ocasiones la Internet y los juegos electrónicos nos han ayudado a tener paz mental. ¿O no? Seamos honestas, se siente tranquilidad cuando estamos todos en la casa, aunque cada uno esté en su propio cuarto. Saber que estamos todos "juntos" nos da tranquilidad. Sentimos que están seguros porque no están expuestos al peligro que representa estar en la calle jugando, sin saber quién se les acerca o a qué situaciones se pueden enfrentar.

Ojo, no estoy diciendo que el nuevo "normal" que estamos viviendo, en el que los juegos electrónicos son parte de nuestras vidas, es causado por nosotras mismas. Lo que digo es que la libertad que disfrutábamos cuando teníamos su edad ya no existe, por los peligros a los que pueden estar expuestos ahora.

Ya los niños están acostumbrados a divertirse de una manera muy diferente. Los niños de hoy en día se divierten de forma virtual, de forma electrónica, de forma menos natural. El problema surge cuando esa costumbre se convierte en un impedimento para ser creativos, para explorar, para divertirse. Para muchos niños no hay diversión no porque no estén expuestos a otras cosas, sino porque no saben cómo hacerlo. No están acostumbrados a salirse de esa caja y pensar en cómo divertirse sin tener esos aparatos en sus manos.

≈ Mami…, estoy aburrido ≈

¿Te imaginas a un niño dando gritos y dándole una pataleta a sus padres en un crucero porque está aburrido y quiere jugar con su tableta…, que no tiene wifi? Increíble imaginárselo. Pero esta es una escena de la vida real: estábamos en el área de la piscina y, de repente, el niño de la familia que estaba sentada al lado de nosotros comenzó a tener una "perreta" porque estaba aburrido. Era tanta la intensidad y el mal rato que les estaba dando a sus padres, que hasta ellos estaban considerando activar el wifi en la tableta para que el niño la pasara bien.

¿Estamos analizando lo sucedido? Los padres, quienes habían invertido un dinero para que la familia pasara un tiempo agradable y se divirtiera, estaban considerando recurrir a los juegos electrónicos para que el niño pudiera entretenerse. No los juzgo por querer asegurarse de que el niño la pasara tan bien como ellos la estaban pasado. Pero, en medio de la locura, no se estaban dando cuenta de que iban a aislar al niño de las maravillas que tiene un crucero. Sin olvidar que estarían fomentando lo que no queremos: recurrir a los juegos para tener diversión.

"Mami…, estoy aburrido". Una frase que nos pone los pelos de punta. Y es que, actualmente, como resultado de la sociedad, los padres sentimos como si fuera una obligación tener a nuestros hijos ocupados y entretenidos. La realidad es otra. Nosotras, como madres, no tenemos que ser coordinadoras de eventos constantes para alejar esa frase de nuestros días. Crecí en un ambiente totalmente diferente. Es decir, si me sentía aburrida, era claro que era mi responsabilidad emplearme en algo. Aunque, honestamente, con tres hermanos era muy difícil aburrirme ☺.

Pero no recuerdo a mi Reina Madre buscándome cosas para hacer o comprándome todo lo que quería para poder pasar mi fin de semana entretenida. Es más, la mayoría de mis fines de semana los pasaba en mi casa por todo lo que mis padres tenían que hacer y no podían terminar entre semana por lo mucho que trabajaban. Entonces, mi aburrimiento no tenía nada que ver con ellos, tenía que ver conmigo y mi habilidad para entretenerme.

Y es que el hecho de que estén siempre conectados a algo hace que estén hiperestimulados y cuando nos dicen esa frase escalofriante, muchos padres lo que queremos es distraerlos de la manera más rápida posible.

Hoy en día, cuando les dices a los niños que no hay wifi o que no pueden usar sus juegos electrónicos, sienten como si se les acabara el mundo y se abruman al pensar que no tienen nada que hacer. Algo que tenemos que entender es que el aburrimiento es simplemente parte del desarrollo y no hay que tenerle miedo. El aburrimiento tiene muchos beneficios para nuestros hijos, aunque si le decimos esto, nos verán como si ya hubiéramos perdido la cabeza.

Ya la creatividad no se usa. Creo que se tiene miedo de usarla. ¿Por qué? Porque no los hemos acostumbrado a usarla. Démosles la oportunidad de utilizar su creatividad. Esto hace que se creen conexiones en su cerebro necesarias para su propio desarrollo. Demostrémosles que no le deben tener miedo a no estar entretenidos. Después de todo, el no tener qué hacer le abre paso al pensamiento y a la resolución de problemas.

Pretender que exista una desconexión total entre los juegos electrónicos y nuestros hijos es simplemente irreal y absurdo. Sin embargo, enseñarlos a tener un balance es lo más apropiado. Lo primero que hace un niño cuando está aburrido es quejarse y hasta frustrarse. Sin embargo, de acuerdo a nuestras reacciones y actos podemos enseñarles que se pueden divertir con cosas básicas. Y no hablo de buscarles alternativas, sino más bien de ayudarlos a que exploren ellos mismos las opciones y posibilidades.

No te asombres cuando, al principio, al exponerlos al concepto del balance, no tengan ni idea de qué hacer, pero ahí estaremos nosotras para ayudarlos a expandir la lista de opciones de lo que pueden hacer. Esa misma lista a la que recurrirán cuando estén aburridos y no sientan la necesidad de venir a nosotras para quejarse o en busca de soluciones. ¿Por qué? Porque simplemente no les vamos a resolver la situación. Esa lista puede nombrar juegos de mesa, juegos de cartas, lápiz y crayolas, libros para leer, actividades de *arts and crafts* [artes y manualidades], por solo mencionar algunas actividades dentro de la casa. Ahora bien, practicar algún deporte, hacer pícnics, ir al parque, montar bicicleta o patines son algunas de las actividades al aire libre que podemos incorporar a la lista.

Estamos tan acostumbrados a estar constantemente distraídos que no sabemos qué hacer cuando no lo estamos. Y digo *estamos* porque nuestros hijos no son los únicos expuestos a este mal. Nosotras también nos hemos acostumbrado a estar entretenidas y ocupadas, y cuando no lo estamos, nos sorprende. La verdad es que usar de manera excesiva el televisor, el teléfono celular y los juegos electrónicos puede traer consecuencias físicas negativas, como los dolores de cabeza, problemas visuales y hasta fomentar el sedentarismo.

✔ *Para poner en práctica...*

Rompamos la cadena y fomentemos un cambio en el que el balance es el motor de arranque.

1. Juegos electrónicos. Lo primero que debemos hacer es dejarles saber que no estamos en contra de los juegos electrónicos. Estamos en contra de su uso excesivo. Estamos en contra de que no sepan qué hacer cuando no tienen acceso a ellos.

2. No temerle al aburrimiento. Ayudemos a nuestros hijos a entender que el aburrimiento no es malo, sino parte de nuestro desarrollo, y nos da la oportunidad de crecer y explorar. Ayudémoslos a identificar posibilidades de cómo divertirse sin usar los juegos electrónicos ni la tecnología.

3. Creatividad. Démosles la oportunidad de darle rienda suelta a la creatividad y a la imaginación. Evitemos que estén todo el tiempo con aparatos electrónicos, simplemente por el miedo a que se aburran con el tiempo libre. Solo en el tiempo libre es que se puede minimizar el cansancio mental.

4. Libros. Fomentemos el amor a la lectura. A través de ella podemos transportarnos a lugares que nunca hemos visitado y hasta vivir historias que nunca hemos vivido. Si nos sirve de ayuda, comprémosles libros digitales. De esta manera no se sentirán tan aislados de lo que les gusta.

5. Naturaleza. Así como les enseñamos a cuidar de la naturaleza, tenemos que enseñarles a disfrutarla. Disfrutar de sus bellezas, de su silencio, de su tranquilidad y de lo bien que nuestro cuerpo disfruta al contacto con ella. Ayudémoslos a explorarla y a conocerla, solo así la valorarán ahora y siempre.

5

La Educación

> " *Educar a nuestros hijos está lleno de tanto suspenso, que es como tomar un examen y esperar por la calificación.*
>
> JINNY "

Si hay algo que toda madre puede confirmar es la responsabilidad que conlleva educar a los hijos. Es más, traerlos al mundo es la parte fácil; lo complicado es asegurarnos de que estamos haciendo lo correcto en todo paso que darnos, en cada decisión que tomamos. El reconocimiento de esta responsabilidad es lo que hace que vivamos con la incertidumbre colgada de nuestra espalda. Así como tenemos muy claro que los niños no vienen con un manual debajo del brazo, también sabemos que hacemos lo mejor que podemos para educarlos, aun sin tener la certeza de saber si estamos haciendo lo correcto o no.

La alimentación

Hoy en día, el tema de la alimentación es número uno en la lista de prioridades de toda madre. Te confieso que yo era de esas que, al no tener a mi mamá cerca, convertía mi cocina en un restaurante de "comida para bebés" todos los domingos. Sí, así como lo lees: preparaba dos sopas, una de pollo y otra de carne. Luego, me dedicaba a licuar las sopas y las guardaba en envases del tamaño perfecto para la cantidad que debían consumir según su edad. Y el último paso: envases al congelador. Cada mañana, lo único que tenía que hacer era alternarles las sopas para que no almorzaran lo mismo todos los días.

Sin darme cuenta, así comenzó mi preocupación constante sobre mis hijos y su alimentación. Digo preocupación porque tenía muy claro lo que no quería que pasara. No quería que me dejaran de comer bien y saludable. Así como mismo hacía con las sopas, les añadía cuanto vegetal se me ocurriera, viandas e ingredientes naturales para darles ese sabor delicioso. Así me aseguraba de que estaban recibiendo los nutrientes que necesitaban para su desarrollo.

Pero estoy segura de que no soy la única en preguntarse: ¿por qué cuando aumenta su edad, la lista de opciones de comida disminuye? ¿Por qué revisan y hasta escarban la comida antes de llevársela a la boca? ¿Por qué hemos visto a los padres llegar a un restaurante con una bolsita de comida rápida para sus hijos? Y de esta manera, podríamos seguir añadiendo preguntas a la lista para, lamentablemente, llegar a una sola respuesta: repelencia.

Sí, el que nuestros hijos dejen de comer lo que antes comían es simplemente repelencia. Y nos guste o no, nosotras, las madres, tenemos todo el control. Te comparto mi experiencia: cuando Andrea tenía unos tres años, mi Reina Madre nos vino a visitar. ¿Eso qué significa? Que íbamos a comer DELICIOSO ☺. Una tarde, preparó uno de sus platos especiales (chuleta con arroz y habichuelas). Comida que ya Andrea conocía y disfrutaba. Sin embargo, ese día en particular, parecía que se había levantado del lado izquierdo de la cama y simplemente no quería comerlo. Estaba pidiendo pollo y papitas de uno de los restaurantes de comida rápida que estaba cerca de la casa.

Fue en ese momento que mi esposo y yo nos dimos cuenta de que teníamos que ser firmes en nuestra decisión y en el manejo de la situación. Veíamos esta actitud como una "repelencia" de Andrea. No estábamos dispuestos a dejar que se nos volteara la tortilla. ¿Por qué? Por varias razones.

Razón número uno, la calidad de la comida. No podemos comparar una comida procesada con una cena preparada en casa.

Razón número dos, no le estamos pidiendo que coma una comida que sabemos que tiene mal sabor (así como algunas medicinas). Al contrario, es una comida calientita y deliciosa.

Razón número tres, y sumamente importante, porque hay muchos niños que mueren de hambre todos los días y estarían totalmente agradecidos por un plato de comida como el que la Reina Madre preparó para todos.

Entonces, en medio del llanto y la frustración que tenía por no obtener lo que quería, con mucha paciencia se le explicó que no se lo íbamos a comprar. Que teníamos comida en la casa y eso era lo que todos íbamos a comer. No tienes idea de cuántas veces agarré las llaves del carro para simplemente no verla llorar. Me mataba verla así. Sin embargo, la firmeza y paciencia con la que mi esposo manejó la situación fue crucial para convertir lo sucedido en un momento de enseñanza. Explicarle a Andrea, a pesar de su corta edad, las razones que teníamos para no comprarle lo que quería fue la clave para enseñarle que la comida se valora y que somos bendecidos por tenerla.

También recuerdo cuando, una tarde de locura (cuándo no es Navidad en diciembre ☹), compré una carne, la tiré a la parrilla y preparé unos pinchos de vegetales. Los pinchos estaban llenos de color porque tenían pimientos verdes, rojos y amarillos, cebolla y hasta setas. Los decoré porque sabía lo que podía recibir al ponerlos en el plato de cada uno. Efectivamente, cara de asombro y confusión fue lo que recibí. Pero, con mucha claridad, hablamos del "elefante en el cuarto" y de todos los beneficios de los alimentos que teníamos en la mesa. En medio de la conversación, comenzamos a tomar turnos para que cada uno dijera qué vegetal teníamos que comer en el próximo bocado. Créelo o no…, es uno de los platos favoritos de la casa (y el más simple…, pura parrilla y cocina limpia ☺).

≈ No nos rindamos ≈

La única manera para que los niños se eduquen de manera especial con respecto a la comida es porque poseen una condición sensorial, digestiva o cuando no toleran algunos alimentos. Pero si ese no es el caso, ¿sabías que el niño tiene que probar un alimento en siete formas diferentes para realmente decir que no le gusta? Entonces no nos desesperemos, no nos rindamos y no nos frustremos a la primera que el niño nos diga que no quiere comer algo en específico porque no le gusta.

Lo más poderoso que podemos hacer con nuestros hijos es dejarles saber el "porqué" de las cosas. Un dato que los ayudó a tener un despertar fue entender que realmente somos lo que comemos. Que nuestra responsabilidad es comer saludable y esto va mucho más allá de la apariencia física. Comer saludable es cuidar de nuestro cuerpo internamente.

También tenemos que hacerles entender que nuestro cuerpo tiene maneras de comunicarse y tenemos que saberlo escuchar. Por ejemplo, al sentir la diferencia entre comerse un plato de papitas fritas y un plato de vegetales bien hechos. Como dice mi esposo, el cuerpo lo agradece. Si no sabes a lo que me refiero, te invito a que lo experimentes… Lo puedes hacer hasta con lo que tomas. Compara la sensación de beberte un vaso de soda *versus* un vaso de un jugo natural acabadito de preparar. De esta manera, aprendemos a escuchar a nuestro cuerpo y a complacerlo a nuestro favor.

Ojo, no hablo de los extremos, hablo de un balance. Toda persona que conoce a mis hijos sabe cómo disfrutan un dulce, un postrecito. Pero ¿sabes por qué no es razón para preocuparme? Porque son niños que comen sorprendentemente bien. Estoy clara de que saben comer y que llevan un buen balance.

Lo que sí es tema de conversación es el asegurarme de que tomen buenas decisiones cuando están solos con sus amigos. Y eso es algo que es difícil de controlar. Sin embargo, algo que nos acerca a que tomen las decisiones apropiadas, incluso cuando no estamos con ellos, es su entendimiento al respecto.

No podemos descartar el aspecto del ejemplo que les damos. Tenemos que reconocer que nuestros hijos nos ven como superheroínas desde el momento en que nos convertimos en madres. Recuerdo cuando Andrea tenía unos ocho años de edad y estaba teniendo una discusión con un niño de su misma edad en el colegio. Al parecer, el niño le dijo: "Le voy a decir a mi mamá". A lo que Andrea le contestó: "Está bien, mi mamá es mucho más fuerte que la tuya". La verdad del asunto es que no tengo ni idea de quién era la mamá o si yo era más fuerte o no. Pero de lo que sí estoy segura es de la imagen que tenía Andrea de mí.

Y es que, al convertirnos en madres, es como si firmáramos un contrato con unos ojitos que nos observan 25/8… (sí, incluso más de las 24/7 posibles).

Todo lo que hacemos en nuestra propia rutina diaria va marcando a nuestros hijos y es nuestra responsabilidad que los marque para bien. Y la alimentación no es la excepción. Todo lo que hacemos queda grabado en su mente. Y con esto te digo que a lo que están expuestos es tan importante como lo que hacemos. Es decir, como todo niño tenemos antojos de algo dulce de vez en cuando. Ahora bien, si en ese momento solo tengo una barra de chocolate, pues me la comeré para saciar este deseo. Sin embargo, si tengo alternativas más saludables, eliminamos la tentación de la ecuación. Con estos cambios mínimos vamos exponiendo cada vez más a nuestros hijos a lo que es tener una vida balanceada, siguiendo pasos saludables para nuestro cuerpo y para todos en la familia.

✔ Para poner en práctica...

La clave no está en prohibir, porque mientras más prohibimos más fuerte es la tentación, sino en hablarles y enseñarles el poder de los beneficios cuando de alimentación se trata.

1. No perdamos la fuerza. Por alguna razón que nunca entenderemos a plenitud, muchos niños van a inclinarse por la comida que no es tan saludable. Tengamos la fuerza de voluntad y paciencia para explicar y no dar el brazo a torcer cuando consideremos que no es necesario.

2. Balance. La idea no es cambiarlos a un estilo de alimentación que sientan que siempre están antojados de lo que nunca pueden comer. Al contrario, esto hará que, cada vez que no estemos con ellos, tomen las decisiones que no queremos.

3. Exponerlos. Depende de nosotras exponerlos a lo que queremos que coman. De esta manera, lo verán como algo natural y

normal. Si queremos que nuestros hijos coman vegetales, tenemos que incluirlos en nuestras comidas constantemente. Así no nos mirarán con ojos de extraterrestres.

4. Reemplazo. Si les gusta ingerir algo dulce después de comer, tenemos que asegurarnos de que tenemos frutas o hasta chocolate negro en la casa para estos momentos. Por ejemplo, a Santiago le encanta comer algo dulce después del almuerzo del colegio. En vez de empacarle un dulce en la lonchera, le empaco una cajita de frambuesas, fresas o hasta uvas.

5. Involúcralos en la preparación. En casa he notado que al involucrarlos en la preparación de las comidas aumenta su deseo de comerlas. Pedirles que laven los vegetales es el principio de una buena relación con ellos ☺.

Valorar el dinero

Para serte honesta, últimamente siento que el dinero, así como llega, se usa, se consume, se gasta...; en fin, se va. Y es que hoy en día todo es dinero. Por ejemplo, cuando ya has terminado de comprar todos los materiales escolares, tu hija llega con nuevas cosas que necesita llevar a la escuela. Artículos para proyectos o para los famosos experimentos de ciencia, donaciones para la escuela, el pago de las actividades extracurriculares y hasta uniformes para algunas de esas actividades. Sin olvidarnos de los gastos constantes del hogar. En fin, por donde quiera que lo analicemos, el dinero hoy en día se procesa al estilo de una máquina de triturar árboles. ¿Te has fijado? No importa lo grande o la cantidad de ramas que tenga el árbol, sale completamente triturado al otro lado de la máquina en solo segundos.

Enseñar a nuestros hijos a valorar el dinero no es una opción, es una necesidad. Ojo, el enseñarles a valorar el dinero no tiene que ver con las posibilidades de la familia. Es decir, tanto la familia que posee mucho como la que tiene poco o simplemente lo necesario, deben cumplir esta labor.

Con el corre y corre en el que vivimos por los cambios que se están produciendo en la sociedad y hasta por nuestras nuevas responsabilidades en el campo laboral, cargamos con el sentimiento de culpa a cuestas. Y en ocasiones, esto provoca que hagamos hasta lo imposible por complacer a nuestros hijos. El peligro está en la posibilidad de que ellos reciban el mensaje equivocado al creer que, número uno: tienen el derecho de exigir; y número dos: que nosotras tenemos la obligación de complacerlos.

Cuando hablo de enseñarle a nuestros hijos a valorar el dinero, no es ponerle valor a la cantidad que se tiene. Me refiero a un aspecto del dinero mucho más profundo. Hablo de valorar lo que se hace para generarlo. Cuando les dejamos ver lo que hacemos para traer el dinero a la casa, dan un valor diferente al mismo.

Siempre recuerdo a mi Reina Madre, cada vez que yo pedía algo, ya fuera necesario o innecesario (que creo que eran la mayoría de mis pedidos 🙁), me decía entre risas: "¿Pero tú crees que el dinero sale del árbol que tenemos detrás de la casa?". Estoy segura de que mi Reina Madre no es la única que ha pensado eso. Si nos ponemos a reflexionar sobre esto, no es para asombrarse que los niños no tengan noción del dinero. Después de todo, ¿no es esa una de las bellezas de ser niño?

Debo admitir que tanto mi Reina Madre como papi hicieron un excelente trabajo al nunca sembrar preocupación en mí sobre el dinero. Y créeme cuando te digo que crecimos con mucho, pero mucho amor, pero no con abundancia económica. A veces me pregunto realmente cómo lo hicieron. Cuando era pequeña, mis padres compraron un terreno en el pueblo de Toa Alta, donde se construyó una casita de madera con tres cuartos, un baño, sala y cocina. Mis padres dormían en el cuarto principal, mi hermana y yo, en el cuarto que estaba al lado del baño y mis hermanos, en el cuarto situado frente al baño.

Cuando digo casita es porque se construyó como plan pasajero. La idea era vivir ahí por unos meses mientras la construcción de la casa de cemento se terminaba. Una casa de dos pisos, cinco cuartos y tres baños. Donde cada uno tendría su propio cuarto y espacio suficiente. Para sorpresa de todos, por falta de dinero, la construcción se pausó y la nueva casa no se pudo terminar. El problema es que la pausa fue indefinida. Quedándonos en la casita de madera por un tiempo mucho más largo de lo pensado. Es decir, de seis meses, que era el plan, nos quedamos viviendo en ella por casi 15 años.

A pesar de esto, de ver por años como la yerba crecía entre las columnas de la casa de cemento, jamás viví preocupada. No cabe duda de que mis padres tendrían un sinfín de preocupaciones al momento de acostarse, pero nunca nos lo dejaron saber.

≈ Enseñar con la práctica ≈

Vale aclarar que la idea de enseñarles a valorar el dinero y cómo se genera no consiste en sembrar preocupaciones en ellos, sino en educarlos para que tengan conciencia sobre el mismo. Enseñarles el significado del dinero, su importancia y el propósito de manejarlo de manera apropiada, debe ser nuestro objetivo.

Siempre me han causado curiosidad esas personas que han tenido mucho dinero y hoy en día ya no lo tienen. ¿Quién no conoce las historias de alguna persona cercana o hasta de algún famoso que, después de haber poseído una fortuna, hoy en día luchan para poder cubrir sus gastos? Incluso, existen muchísimos casos de gente que se ha ganado la lotería y, después de muchos años, sale a la luz pública que se declaran en quiebra. Y es que el dinero es un tema que no todos sabemos manejar. A veces, pensamos que quizá hablar de esto es un tema para las familias que no lo tienen. Sin embargo, independientemente de nuestras posibilidades, es indispensable educar a nuestros hijos en el manejo apropiado del dinero.

La mejor manera para enseñarles a valorar el dinero y a manejarlo apropiadamente es a través de la práctica. Es decir, incorporarlos en la ecuación, darles la oportunidad de experimentar lo que significa ganarse el dinero y de decidir qué hacer con él. Hablemos de tres aspectos:

* ¿Cómo?
* ¿Dónde
* ¿Cuándo?

¿Cómo hacemos para que sepan lo que se requiere para generar dinero? A través de las tareas extra se les enseña el valor del trabajo. Asignarles responsabilidades es el paso número uno. Estas responsabilidades deben ser acordes a su edad y algo que sepamos que podrán completar eficazmente.

Por ejemplo, sacar la bolsa de basura de la cocina, recoger su cuarto, arreglar la mesa para la cena son algunas de las opciones. Ya después de tener la actividad identificada y asignada, se les explica lo que esperamos de ellos y al final de la semana se les da su merecido pago ☺.

Debemos tener dos cosas muy presentes en este proceso:

Número 1: el dinero es por actividades y tareas extra, no por las que ya se ha determinado que son su responsabilidad. Es decir, su rendimiento académico es su responsabilidad y no una tarea extra. Esta diferencia debe ser muy clara. ¿Por qué? Porque necesitamos que entiendan que el rendimiento escolar es algo que hacen para sí mismos y esa debe ser su propia motivación.

Número 2: la cantidad de dinero debe ser algo realista y que vaya acorde con la actividad asignada y la edad del niño. Sería un poco ilógico darle, al final de una semana, 50 dólares a un niño de cinco o seis años porque cumplió con sus tareas asignadas. Si el pago no es bien proporcionado, estaremos quebrando el proceso de lo que queremos enseñar.

¿Dónde guardamos el dinero? Podemos regalarles una alcancía y enseñarles que es un equivalente del banco. Es donde guardamos nuestro dinero. Enseñarles que el hecho de que el dinero esté ahí no significa que tenemos que gastarlo inmediatamente. De esta

manera, pueden ver físicamente como el dinero va creciendo y, seamos honestas, no creo que exista persona alguna a la que no le guste ver "crecer" el dinero. Es como cuando encontramos un billete dentro del bolsillo de un pantalón. ¡Qué sensación tan chévere! Lo gracioso es que ese billete siempre ha sido nuestro, la diferencia es que no lo gastamos. Bueno, esta misma sensación se les puede enseñar a nuestros hijos por medio del uso de una alcancía.

¿*Cuándo* usamos el dinero? Es importante enseñarles a nuestros hijos el concepto de no malgastar. Ojo, no hablo de que no lo usen. Después de todo, es el dinero que se han ganado. Al contrario, necesitamos que saquen dinero de su alcancía para que entiendan cómo el dinero entra y sale, pero la clave está en enseñarles a usarlo apropiadamente. Solo de esta manera valorarán la ecuación completa alrededor del dinero.

El arte de gastar

Para el cumpleaños de Andrea, adolescente al fin, la familia sabe que sus intereses han cambiado y prefirió regalarle dinero en efectivo o tarjetas de regalo. Regalos que me parecen una salvación porque ¿quién quiere romperse la cabeza buscando el regalo de cumpleaños perfecto, si a esa edad ni los mismos muchachos saben qué quieren? Al sentarse y contarlo se dio cuenta de que había recolectado mucho dinero, quizá más de lo que imaginó. Decidió sacar la mitad y guardarlo en su alcancía. La otra mitad la puso en un sobre y pidió que la llevaran al *mall* (centro comercial). Claro, ahora con su vida social tan activa, necesita reinventar su clóset un poco ☹.

Te confieso que cuando entró a su tienda favorita, parecía que era millonaria. Escogió cantidad de piezas para probarse, tantas que lo único que yo pensaba era: "Oh Dios, ahora en el probador me toca colgar toda esta ropa que no le quede o no le guste". Bueno, ya cuando por fin escogió todo lo que le gustó, salimos del probador y nos sentamos en el piso antes de hacer la fila para pagar. Con la calculadora de su teléfono, comenzamos a sumar los precios de todas las piezas para saber si podía comprarlas o no. Fue cuando se dio cuenta de que no podía pagarlo todo. Incluso propuso que le cubriéramos el resto y nos lo pagaba con la otra mitad que había guardado en la casa.

Sin embargo, le explicamos que para eso ella había sacado su presupuesto y que sus gastos debían estar acordes con lo que tenía. Se vio en la obligación de sacar algunas piezas para quedarse dentro de su presupuesto. No te miento, tanto mi esposo como yo nos estábamos muriendo por simplemente comprarle las piezas que había sacado. Pero ¿qué le hubiéramos enseñado al hacerlo? Nada.

Ya a Santiago, de nueve años, le enseñamos el mismo concepto, pero a un nivel mucho más apropiado para él. Tiene sus tareas asignadas, tiene su alcancía y a través de las actividades de la escuela es como le hemos mostrado el aspecto del gasto. Por ejemplo, en la escuela hacen muchas recolectas de dinero: un dólar para *jean day* [día del pantalón vaquero], un dólar para *ice cream day* [día de helado], un dólar para esto, un dólar para aquello… y él ya sabe que tiene que sacar de la alcancía la plata que necesita para cubrir esos gastos. Solo así entenderá que, de dólar en dólar, la alcancía va bajando y su dinero va desapareciendo y que es importante no malgastarlo.

✔ Para poner en práctica...

Darles la oportunidad de participar en la ecuación del dinero es crucial para que lo valoren...

1. Empieza desde pequeño. No hay una edad específica para comenzar a enseñarle a nuestros hijos la ecuación del dinero. Sin embargo, mientras más pequeños, mejor. Una manera sencilla de exponerlos es darles el dinero y dejar que ellos paguen algo que quieren en la caja registradora.

2. Ahorrar. Enseñarles el concepto de ahorrar es indispensable para que lo apliquen en su futuro y para que tengan una buena relación con el dinero. Cuando los ayudamos a ahorrar para comprar algo que quieren, les enseñamos dos cosas: que no siempre los deseos pueden ser satisfechos instantáneamente y que trabajar y ahorrar para algo hace que obtenerlo sea mucho más satisfactorio.

3. ¿Deudas? Enseñarles que "cuentas claras conservan amistades" y que es importante que las deudas se tomen en serio y se paguen. No sabes la cantidad de ocasiones en que tengo que pagarle al que corta la grama o fumiga la casa y no tengo efectivo conmigo. Dinero que les pido prestado y se los pago en la primera salida que pase por el banco. Así les enseño confianza y la responsabilidad que se tiene de pagar lo que se debe.

4. Manejo del dinero. Enseñarles a tener un presupuesto identificado para un gasto en particular los ayuda a entender que todo tiene límite y que debemos acoplarnos y ajustarnos a él. Así como en el caso de Andrea y su compra de ropa con el dinero de su cumpleaños.

5. Cuenta de banco. Llevarlos al banco para abrir una cuenta de ahorros es maravilloso para fomentar una buena relación con el dinero. Los bancos hoy en día tienen cuentas diseñadas para niños en las que les dan incentivos, e incluso obsequios, para celebrar el gran paso que dan.

Agendas llenas

Uber personal… Sí, así es como nos hemos llegado a sentir nosotras, las madres, con todas las cosas que tienen nuestros hijos programadas en la agenda. "Quiero que mis hijos tengan lo que yo no tuve". ¿Quién de nosotras no ha dicho esa frase? Estoy segura de que todas, si no constantemente, por lo menos alguna vez la hemos repetido. Y es que es totalmente entendible que queramos solo lo mejor para nuestros hijos. Hacemos de todo para que tengan una vida llena de oportunidades y experiencias maravillosas, oportunidades que quizá no pudimos tener.

Ahora que veo a mis hijos enfocados en sus prácticas y partidos, reconozco que sí me hubiera encantado tener esa oportunidad y esa disciplina de pertenecer a un tipo de deporte, a un equipo. Y es que los beneficios de pertenecer a este tipo de actividades son innumerables. Como aprender a trabajar en equipo, a cooperar, a tener responsabilidades, a cómo reaccionar y manejarse en un ambiente competitivo, a descubrir sus propios intereses… Y la lista de los beneficios puede continuar.

El detalle es el siguiente… ¿Cómo nos damos cuenta de que estamos abrumando a nuestros hijos? En ocasiones, cruzamos esa fina línea que existe entre lo saludable y lo que no lo es. ¿Será posible que una agenda sobrecargada afecte el desarrollo del niño? ¿Cómo sabemos si en vez de ayudarlos, los estamos perjudicando?

Todas estas preguntas son realmente difíciles de contestar. Así como en la mayoría de los temas que envuelven a nuestros hijos, no existe una regla o un número máximo de actividades determinadas para saber si cruzamos esa fina línea. Existen muchas variables que se deben considerar antes de contestar y saber si estamos perjudicando al niño. Variables como la edad, la personalidad y hasta su estilo de aprender.

Sin embargo, algo que no podemos negar es el hecho de que actualmente vivimos en la sociedad del "demasiado". Sí, así como lo lees. Muchas veces pensamos que si lo poco está bien, pues entonces más es mejor. Pensamiento que hace que la simplicidad se vaya alejando cada vez más de nuestra rutina y de nuestro "normal".

≈ En busca de un balance ≈

Hoy en día, los niños están expuestos a tantas actividades y "responsabilidades" que sus agendas se vuelven simplemente abrumadoras. Salen de la escuela, corren para la primera actividad, corren para la segunda actividad, corren para la casa, corren para terminar las tareas. Y así se pasan, de un lado para otro. Sin olvidarnos de nuestra sensación de haber corrido un maratón al final del día.

Muchas veces pensamos que estas agendas así, llenas y abrumadoras, los preparan para la vida. El detalle es que, sin darnos cuenta, los estamos alejando cada vez más de su desarrollo natural, de su infancia, de lo que realmente los prepara para la vida. Cada vez su tiempo para explorar, para pensar y hasta para ser niños va desapareciendo.

Entre la cantidad de tareas que están recibiendo a diario y todas las actividades extracurriculares en las que participan, los niños ya no son niños. Todo esto los expone a un nivel de estrés innecesario para su desarrollo. Y esto sí es preocupante.

No es lo mismo asegurarse de que nuestros hijos tengan actividades extracurriculares, darles nuestro apoyo y disfrutar el proceso, que vivir en un conflicto constante con el tiempo, con la planificación de las tardes y hasta terminar haciendo las tareas con los niños tarde en la noche, cuando ya su cerebro no rinde más.

No quiero que me malinterpretes, soy fiel creyente de todos los beneficios que trae para los niños el estar en actividades extracurriculares. Sin embargo, cuando vemos que ya el niño no disfruta de la misma manera lo que hace o cuando vemos que entre los estudios y las actividades una está poniendo en riesgo a la otra, es señal de que el balance se ha perdido.

Tenemos que, poco a poco, poner una barrera para no dejarnos arrastrar a la velocidad que la sociedad nos lleva y recordar que la vida en balance es la clave para el desarrollo. Regresar a la simplicidad es un buen comienzo para darles la oportunidad a nuestros hijos de ser niños. Debemos recordar que tener el tiempo bien distribuido en la agenda es mucho más importante que tener la agenda sobrecargada. Tener el tiempo bien distribuido los ayuda a sentirse competentes con lo que hacen. Es decir, tener por lo menos dos horas en las tardes designadas para hacer tareas es indispensable. Entendiendo que, con la cantidad de tareas que están recibiendo, a veces este tiempo no es suficiente. Pero un buen promedio es de dos horas diarias.

≈ Descubrir sus intereses ≈

En el momento de escoger las actividades extracurriculares, lo primordial es permitir que el niño escoja la actividad que quiera practicar. No imponérsela. Debemos valorar que los niños están en un constante descubrimiento de quiénes son y qué les gusta. Descubrir sus intereses es simplemente parte de este proceso. Nosotras, como madres, tenemos que apoyarlos y exponerlos para que ellos elijan. Solo así podrán aprovechar los beneficios que las actividades extracurriculares ofrecen.

La mejor manera para exponerlos y ayudarlos a descubrir sus intereses no es inscribiéndolos en múltiples actividades a la vez. Al contrario, eso es totalmente contraproducente. Lo más apropiado sería escoger una sola. De esta manera, el niño tendrá la oportunidad de incorporarse a la actividad y de sentirse cómodo en ella. Como madres, siempre queremos que nuestros hijos desarrollen su máximo potencial. Saturarlos no es el camino para lograrlo.

De igual manera, tenemos que procurar que las actividades extracurriculares sean recreativas y suficientes para que los niños las disfruten sin generar presiones adicionales a las que traen de la escuela. Claro, estas actividades van acordes con cada niño. Por lo tanto, si al niño no le gusta el deporte, pero le encanta el arte, busquemos una clase de arte para que, aparte de aprender, pueda relajarse después de su día en la escuela. Si es mucho más activo, entonces practicar un deporte sería lo ideal para mejorar su habilidad mientras se desconecta de las presiones escolares.

Un aspecto importante, al asegurarnos de que la agenda esté bien balanceada, es procurar que el tiempo libre exista. El tiempo libre tiene un sinnúmero de beneficios, pero lamentablemente, en ocasiones, llegamos a pensar que jugar es como perder el tiempo. La realidad no puede estar más alejada de esa percepción. Tener tiempo para el juego libre y sin estructura es tan importante como tener actividades extracurriculares. ¿Por qué? Porque los ayuda, a nivel emocional, a desarrollar su personalidad y a dejar libre su creatividad.

El último aspecto, y no menos importante, es la importancia de asegurarnos de que la agenda respete el tiempo que el niño necesita para dormir. No podemos permitir que las actividades a las que el niño pertenece interfieran con el tiempo necesario para descansar. El sueño es tan importante como la alimentación. El niño tiene que descansar lo suficiente para aumentar su rendimiento al día siguiente. Y hasta para mantener su actitud y su aspecto emocional balanceado.

Andrea siempre ha estado en tenis, le gusta y lo disfruta. Las prácticas son dos veces a la semana, algo manejable tanto para ella como para mí ☺. Sin embargo, este año en particular no ha sido fácil. Ya lo que se espera de ella académicamente es simplemente a otro nivel, la dificultad de las tareas se ha intensificado y, por consiguiente, ha aumentado el tiempo necesario para completarlas. Cuando vimos que sus noches se alargaban haciendo tareas y su tiempo para dormir disminuía, hablamos con ella y le explicamos que, en este momento, lo importante era que ella rindiera en su escuela y que la podíamos inscribir en el deporte los sábados. De esta manera, la ayudamos a conseguir nuevamente ese balance en su agenda, minimizando el estrés al que estaba siendo expuesta sin darnos cuenta.

✔ Para poner en práctica...

Llenarles la agenda no los prepara para la vida, ni los hace desarrollar su máximo potencial. Ayudarlos a mantener una agenda balanceada entre la escuela y las actividades extracurriculares es la clave para lograrlo.

1. Lista de posibilidades. Hacer una lista de las posibles actividades extracurriculares que a los niños les gustaría realizar es el primer paso para comenzar con ese balance que queremos para ellos.

2. Escoger el orden de preferencia. Explicarles que tendrán la oportunidad de hacer todas las actividades, pero no todas a la vez, es importante. Pedirles que identifiquen cuál es la que quieren practicar primero los ayuda a crear compromiso y aumenta su desempeño en la misma.

3. Compromiso y duración. En lo que el niño descubre cuál es la actividad que más disfruta, siempre es recomendable que

la inscripción no sea por periodos largos. De esta manera, fomentamos el concepto de compromiso, pero al mismo tiempo le damos la oportunidad de que desarrolle una nueva habilidad.

4. Personalidad. Cada niño es diferente y su personalidad debe ser tomada en consideración cuando se escoge alguna actividad extracurricular. Si a la niña no le gusta bailar, inscribirla en la academia de baile va a ser tan estresante para ella como tener la agenda llena.

5. NO a la locura extrema. Recordemos que desearles una niñez mejor o diferente a la que tuvimos nosotras no significa recargarles la agenda de principio a fin. Con esto solo lograremos que recuerden su niñez como un tiempo estresante y hasta negativo para ellos.

niños trofeo

¿Qué madre no quiere que sus hijos sean excelentes en todo lo que hagan? Sin duda alguna, todas deseamos ver que nuestros hijos trabajan bien y que son reconocidos por su esfuerzo, su dedicación y su desempeño. Recuerdo que, en los "Días de Logros", como los llaman en mi país, mi Reina Madre pedía su día libre en la oficina y los disfrutaba tanto como yo. Especialmente cuando me llamaron para recibir una medalla por la clase de matemáticas. Sí, ni yo lo creía. No es secreto que los números y yo tenemos una relación de simple cortesía y nada más ☹. (*Sorry*, Andrea, esto lo heredaste de mí).

Como dice el refrán: "Honor a quien honor merece". A todos nos gusta ser reconocidos por nuestro rendimiento: ya sea en la escuela, en los deportes o en el trabajo. Los niños no son la excepción. Al contrario, para ellos es mucho más importante, ya que reciben reconocimientos al final de cada semestre y luego al final de todo el año. Para ellos, y para nosotras, es un momento para celebrar su rendimiento e identificar las áreas que deben mejorar.

Sin embargo, lamentablemente, hoy en día veo dos áreas que están acaparando y hasta opacando estas celebraciones.

Número 1: en ocasiones, los niños están siendo presionados para sobresalir. Esta presión está haciendo que no disfruten el proceso de aprendizaje. Al hacer que se preocupen sin necesidad, los desenfoca de lo que sí es importante: aprender. No te miento cuando te digo que he visto niños llorar porque no sacaron A en un examen. No, no es un error… No lloran por NO haber pasado el examen, la realidad es que lo pasaron con una B, sino que lloran porque no lo pasaron con una A.

Número 2: en ocasiones, el rendimiento de nuestros hijos se convierte en una competencia entre las madres. He visto como unas madres llaman a otras para preguntarles cómo salieron sus hijos en un examen o en una materia. O también, como les hacen los trabajos a sus hijos para asegurar que no solo salgan bien, sino que salgan mejor que los demás. Y es esta presión y este comportamiento el que hace que los mismos niños comiencen a compararse entre ellos. ¿Sabes de alguien así? ¿Somos nosotras mismas las que formamos parte de este grupo de madres?

¿Por qué las preguntas? Porque, en ocasiones, el mismo deseo que tenemos de que nuestros hijos salgan bien en las cosas que hacen nos puede empujar a cruzar al lado del extremo y a lo ilógico.

Hace muchos años, me encontré con una amiga y su hija, quien acababa de graduarse de la escuela elemental. Al verlas, le di inmediatamente un beso y un abrazo gigante a la niña para felicitarla por todos los premios que había ganado, los cuales ya habían compartido por las redes sociales. Esperaba que, niña al fin, me respondiera con una sonrisa de lado a lado y con orgullo recibiera la felicitación. Para mi sorpresa, la niña me miró con una cara extraña, yo diría que era como de decepción. La niña rápidamente comenzó a explicarme que no se había ganado el premio al promedio "acumulativo" más alto de todo el grupo porque cuando estaba en segundo grado obtuvo una B en una clase.

Te confieso que quedé como papel cuadriculado…, totalmente confundida. Al ver mi confusión, su mamá, mi amiga, saltó inmediatamente a explicarme en detalle en qué clase y el porqué había sacado la B causante de que no se llevara ese premio. Ahí sí, después de esa explicación, quedé como papel cuadriculado escrito por Andrea después de resolver uno de sus problemas de álgebra. Te juro que me quedé sin palabras… Y todo el que me conoce sabe que eso no es algo fácil ni común en mí. No podía creer cómo un acontecimiento tan importante, porque representa el final de una etapa y el comienzo de otra, se había tornado en algo negativo. Algo negativo, no solo para la niña, sino también para la mamá.

No entendí, y nunca entenderé, cómo la mamá estuvo fomentando ese sentimiento de culpa, tristeza y hasta de insuficiencia en la niña. Es que eso era exactamente lo que estaba haciendo con esa explicación. Considero que ese era el momento apropiado para parar esos pensamientos negativos que tenía la niña en su cabeza y reemplazarlos con afirmaciones positivas, reales y lógicas.

Esto, aunque pasó hace muchos años, lo recuerdo como si fuera ayer. Me marcó tanto porque presencié lo que, para mí, fue una interacción totalmente vergonzosa.

≈ Una cosa es su éxito y otra cosa es nuestro ego ≈

¿Será posible que nuestro propio orgullo de madres haga que les comuniquemos el mensaje equivocado a nuestros hijos? ¿Será posible que nuestro propio orgullo de madres haga que no veamos el efecto negativo que esto produce en nuestros hijos?

Ejemplos como el anterior no solo suceden en las escuelas o relacionados con las calificaciones. Esto también ocurre en los deportes. En ocasiones, vemos a los niños totalmente tensos en el momento de jugar porque lo que escuchan es a sus madres gritándoles tantas cosas y tantas instrucciones que, simplemente, no los dejan ni pensar. Todo esto hace que la diversión se convierta en puro estrés y decepción. ¿Quién no ha presenciado esto?

Ahora bien, no quiero que me malinterpretes. No estoy hablando de ser conformistas y de enseñarles a nuestros hijos a serlo. Hablo de que, como madres, tenemos que empujar a nuestros hijos a que lo hagan bien, pero también tenemos que dejarles saber que creemos en su capacidad y potencial para lograr todo lo que quieran y para mejorar las áreas que lo necesiten. Solo así los ayudamos a fortalecer su autoestima.

Sin embargo, existe una gran diferencia entre apoyar a nuestros hijos y presionarlos para satisfacer nuestros egos, vivir nuestros propios sueños de infancia o hasta por influencia de la misma presión social. Una cosa es estar orgullosas de nuestros hijos y hasta de sus logros, pero lo que no es saludable es querer llevarlos como trofeo y cegarnos o no apreciar lo que hacen solo porque no se llevan el premio mayor.

Nuestra labor como madres es ayudarlos a formarse como seres humanos. Por medio de nuestro amor, ayudamos a nuestros hijos a descubrir sus propios intereses y talentos. Por medio de nuestro apoyo incondicional, ayudamos a nuestros hijos a encontrar sus propias cualidades y fortalezas en las actividades que les llaman la atención. Pero más importante aún, como madres, nuestro rol es ayudar a nuestros hijos a disfrutar el camino que van recorriendo, a su propio ritmo y velocidad.

Nuestro objetivo es caminar a su lado, llevarlos de la mano cuando sea necesario y hacerlos sentir cómodos con ellos mismos. Alejarlos de todo sentimiento de competencia constante para cumplir con unas expectativas o de obtener unos resultados que, en la mayoría de los casos, son simplemente irreales o irrelevantes para ellos.

Para poner en práctica...

FELICIDAD… Asegurarnos de que nuestros hijos son felices es el primer paso para ayudarlos a ser exitosos.

1. Valora su esfuerzo. De la misma manera en que celebramos sus logros, debemos siempre celebrar sus esfuerzos. Su disciplina y

trabajo duro es lo que realmente los llevará al éxito, ahora y en el futuro.

2. Apoyo incondicional. Dejémosles saber a nuestros hijos que cuentan con nuestro apoyo siempre. Expliquémosles que nuestro apoyo no está atado a un resultado en específico o a su rendimiento.

3. No a la crítica no constructiva. Empujarlos a que se esfuercen y a que den lo mejor de sí mismos es nuestro deber. Pero tenemos que decirle NO a la crítica cuando no tienen los resultados deseados: NO a la crítica de nuestra parte y, especialmente, NO a su autocrítica. Por ejemplo, si no les está yendo bien en una clase, explorar maneras de ayudarlos es crucial para que entiendan que en todo se puede mejorar.

4. Desempeño individual. Independientemente del resultado, darle seguimiento a su desempeño individual es crucial. Por ejemplo, si el niño está en un equipo de fútbol y perdieron el partido, celebrémosle una jugada específica o un pase de bola excepcional o hasta goles que haya anotado.

5. NO te expreses mal. Es importante no expresarnos mal de nuestros hijos, especialmente cuando no se están desempeñando como esperamos. Por ejemplo, volviendo a la historia mencionada antes sobre mi amiga y la graduación de 5.° grado de su hija, no era apropiado decirle: "Es que ese año no eras buena estudiante, estabas superdescuidada y hasta vaga en las clases… Este es el resultado".

Respeto

¡Guau! no puedo creer que ya estoy escribiendo la última sección de este libro. Espero que al leerlo lo hayas disfrutado tanto como yo al escribirlo. Es por eso que he decidido finalizar con un tema que, para mí, es uno de los más importantes que les podemos enseñar a nuestros hijos: el respeto.

El respeto es un aspecto esencial para todo ser humano. El respeto es como un imán. ¿Por qué? Porque tiene el poder de conectarse con todos los aspectos alrededor de cualquier ser humano.

Cuántas veces les decimos a nuestros hijos: "Tienes que ser respetuoso con los mayores o con las maestras o con tu hermana". De igual manera, les explicamos constantemente: "Eso es una falta de respeto" o "una persona irrespetuosa no es agradable".

Ahora bien, ¿alguna vez nos hemos detenido a pensar si realmente entienden lo que verdaderamente significa el respeto? Respeto es una palabra que viene del latín *respectus* y tiene como significado principal *consideración*. Consideración con alguna persona o cosa.

Desafortunadamente, en ocasiones pensamos que el respetar se refiere a estar siempre de acuerdo o a no cuestionar lo que dice otra persona, a no expresar nuestra opinión o a quedarnos callados. Y es que este pensamiento no puede estar más alejado de lo que realmente significa el respeto. El respeto se refiere a reconocer que los demás son personas diferentes a nosotros, a no juzgar, a no discriminar y a ser tolerantes.

El respeto representa un aspecto fundamental para poder alcanzar una interacción social en armonía. Imaginemos por un momento un mundo lleno de personas que se respeten las unas a las otras. No para ser trascendental, pero siendo realista... viviríamos en un mundo lleno de paz, unión y fraternidad.

Hablemos de todo lo que vemos a nuestro alrededor. Desde lo lejano hasta lo más cercano.

En lo lejano, vemos cómo el actual presidente de Estados Unidos, pública y abiertamente, se burla de las personas diferentes a él, de las personas que vienen de un lugar diferente al suyo y hasta de las que opinan diferente a él. Créeme que mi objetivo no es entrar en una conversación sobre política, sino hablar de una realidad a la que todos estamos expuestos. Y cuando digo "lejano", me refiero a que su casa no está al lado de la mía, pero el efecto es más que cercano, ya que nuestros hijos están expuestos a este tipo de comportamiento que viene de una persona que debe ser vista como modelo a seguir.

En el aspecto cercano, vemos videos y noticias en la televisión de cómo algunos estudiantes llevan a los profesores a perder el control. Y muchos juzgan al profesor, otros juzgan al estudiante. No puedo defender algún lado en particular porque, como espectadores, no vemos todo lo sucedido ni el contexto en que se desarrolló. Sin embargo, algo que sí puedo decir es que esto es el ejemplo clásico de lo que es la falta de respeto. También vemos la manera en que algunos niños les hablan a sus padres y, a su vez, cómo los padres les hablan y tratan a sus hijos.

No nos podemos olvidar de la falta de respeto que se vive ahora en las famosas redes sociales. Las personas creen que tienen el derecho de escribir lo que escriben, sabiendo que pueden estar hiriendo a otra persona. (Y no hablemos de la cobardía que demuestran al esconderse detrás de un aparato para lastimar a otros y tratar de sentirse mejor con ellos mismos.)

Te confieso que es simplemente escalofriante. Es escalofriante porque hace que nuestra labor en la casa sea mucho más difícil. A veces siento como si estuviéramos nadando contra la marea, que la corriente va hacia un lado y nosotras somos las únicas que caminamos hacia el lado opuesto, tratando de hacer una diferencia.

Es por esto que no podemos negar que el respeto es el valor que hace que vivamos en armonía a nivel social. El respeto hace que podamos conectarnos con otras personas. Algunas tendrán muchas cosas en común con nosotros mientras que otras, no. Pero, aun así, respetando las diferencias, se puede seguir teniendo una relación, un intercambio, sin lastimar a nadie.

≈ Respeto hacia uno mismo ≈

De igual manera, así como el respeto es necesario para vivir en armonía con los demás, es necesario para vivir en armonía con uno mismo. El respeto a uno mismo es crucial para la formación de todo ser humano. Respetar nuestras emociones, nuestros pensamientos y nuestras acciones es el paso número uno para ser feliz. Y, como resultado, hacer felices a las personas que nos rodean.

Respetar nuestras emociones también es crucial para el entendimiento pleno de quiénes somos. Reconocer cómo nos sentimos y no tratar de tapar o hasta minimizar su existencia es necesario para mantener nuestro balance emocional. Respetar nuestras emociones nos hace fuertes, pero a su vez, nos hace sensibles. Las emociones son parte de todo ser humano y es increíble ver que muchos no les dan importancia. Al contrario, deciden oprimirlas bien al fondo, haciendo que no se procesen y se vuelvan un volcán listo para entrar en erupción cuando ya no tengan más fuerza para oprimirlas por más tiempo.

Respetar nuestros pensamientos es la clave mágica para ser feliz. Y es una de las enseñanzas más difíciles. ¿Por qué? Porque el ser humano no está acostumbrado a estar consciente de lo que piensa. Se vive a una velocidad tan alta que no nos damos cuenta ni de lo que pensamos. Enseñarles a nuestros hijos el valor de escuchar sus propios pensamientos es tan importante como comer saludable. Y es que los pensamientos son el motor de lo que hacemos, de lo que sentimos. Reconocer y mantener nuestros pensamientos apropiadamente balanceados aumenta el respeto propio.

Respetar nuestras acciones es otro componente importante. Es decir, entrenarnos para pensar antes de actuar es imprescindible para aumentar nuestro respeto propio. Saber que todo lo que hacemos, o no hacemos, es resultado de sentimientos que nacen en nosotras nos hace personas honestas y reales con nosotras mismas, sin dejarnos dominar por nada ni nadie, teniendo consideración con los demás, ayudando al que necesita y mejorado cada día que pasa.

Como madres, tenemos la ardua labor de ayudar a que nuestros hijos crezcan felices, en un ambiente seguro y cómodo, para que así ellos comiencen una relación saludable consigo mismos, convirtiéndola luego en una relación saludable con los demás.

Nuestra labor como madres es asegurarnos de que nuestros hijos son lo suficientemente seguros de sí mismos como para que puedan respetar a otros, sin olvidarse de respetarse a sí mismos.

✔ Para poner en práctica...

El respeto es un valor esencial para la formación de un individuo… y comienza por el respeto a uno mismo.

1. Edad. El respeto no tiene nada que ver con la edad. Eso significa que, como madres, tenemos que respetar a nuestros hijos desde que son bebés. Debemos tratarlos como lo que son, otros seres humanos. Darles la atención, el tiempo y el amor que necesitan los ayuda a entender lo importantes que son y a desarrollar una buena autoestima.

2. Diferencias. Algo clave para inculcar el respeto es mostrando consideración hacia las diferencias que se tiene con los demás. Por ejemplo, si el niño nos habla de un compañero de su clase y de lo diferente que puede ser, nuestra reacción debe ser educada y no de burla. Para promover la aceptación es indispensable explicarles que todas las personas deben ser tratadas igual.

3. Ejemplo. Como en todo, el niño aprende por lo que ve y por imitación. Si nos comportamos y nos tratamos con respeto los unos a los otros en la casa, lo verán como algo completamente normal. Haciendo que la práctica de respetar a los demás sea un acto casi instintivo.

4. Sentimientos. Enseñarles a identificar sus propios sentimientos es crucial para aumentar el valor de los mismos. No minimizar lo que sienten y ayudarlos a explorarlo los hace personas seguras de sí mismas. De igual manera, los ayuda a crear sensibilidad ante los sentimientos de los demás.

5. Comunicación. Hablar con nuestros hijos de forma apropiada, con mensajes claros, con un tono de voz agradable y escuchar sus opiniones sin interrumpir los ayuda a entender que tanto ellos como nosotros somos importantes.

Y para terminar...

≈ Por Andrea (13 años) ≈
(Vía mensaje de texto... por supuesto)

¿Por dónde comienzo? Todos los días miro a mi mamá y pienso: "¡*Wow*! ¡Estoy tan agradecida!". No hay la menor duda de que ella es la persona más trabajadora y ocupada del mundo. Siempre cuida de nuestra familia, y no me refiero solamente a que prepara la comida, nos ayuda con las tareas y se asegura de que estemos listos para el colegio cada mañana —cosas que hace todos los días—, sino que nos cuida a otro nivel.

Para mi mamá somos su prioridad y está pendiente de que nos sintamos bien con nosotros mismos. Ella siempre está conmigo guiándome, pero también me ha dado independencia, me ha ayudado a que confíe en mí misma en todo lo que hago... Y eso es lo más bondadoso, generoso y considerado que una madre puede hacer. Ella siempre está conmigo y ocupa una gran parte de mi corazón. No puedo imaginar dónde estaría sin mi mamá.

Pero lo que más admiro es que —además de todo lo que hace, dentro y fuera de casa— trabaja muy duro para seguir sus sueños, incluso si eso implica no dormir. Ella sacrifica todo su tiempo, pero no el tiempo que pasa con nosotros. Por ejemplo, escribir este libro no fue nada fácil para mi mamá. Yo siempre pensé que los autores simplemente tomaban unas vacaciones, se iban a un bonito hotel y, mientras miraban al mar, escribían bellas páginas que incluirían en su obra maestra. Pero ese no fue el caso de mi mamá. La vi pasar noches en vela escribiendo página tras página.

Y lo más increíble es que escribió este libro con tanto amor y cuidado, que estoy segura de que sus lectoras lo recibirán con el mismo amor.

Mi mamá es un verdadero ÁNGEL y haré lo que sea para ser como ella cuando yo crezca.

Para mí, mi mamá es LA MAMÁ PERFECTA, MI HEROÍNA, MI ÍDOLO.

Agradecimientos

Ser mamá: Cómo encontrar el balance… ¡sin perder la cabeza! es reconocer lo fuertes y maravillosas que somos. Es reconocer que somos las directoras ejecutivas de nuestro hogar. Es reconocer que somos nosotras las que promovemos el cambio y la diferencia que nos acercan a un mundo mejor.

BALANCE: concepto que ya por fin entiendo y del cual acepto su cambio constante. Aprovecho este espacio para agradecer a todas esas personas que, de alguna forma u otra, me han ayudado a no perder la cabeza en el intento por encontrarlo. En especial:

A mi Reina Madre: gracias, porque has sido la roca en mi vida. Porque fuiste, y sigues siendo, una guerrera incasable, un modelo a seguir y un ejemplo inquebrantable de lo que significa SER MAMÁ.

A mi *SIS* divina: gracias, porque a través de ti pude entender que aquí en la tierra los ángeles no tienen alas. Eres mi bendición y le agradezco a Dios por haberme regalado no solo una hermana, sino una mejor amiga. Gracias por darme alas para seguir luchando día a día por lo que quiero y por lo que me hace ser feliz.

A papi: gracias porque cuando estabas en vida te brillaban los ojitos cada vez que me veías en mi mejor papel…, ser mamá. Gracias por siempre traer paz a mi vida y por darme hasta lo que no tenías. Gracias por siempre dejarme saber que estás presente y velando por nosotros.

A Jowie y Ricky: gracias por "añoñarme" siempre (todo el mundo sabe que soy la preferida ☺ *LOL*). Gracias por amarme a pesar de que soy la que más los regaña. Mil gracias por regalarme los mejores recuerdos de mi infancia y por hacer que me duela la barriga de tanto reírme cada vez que estamos juntos.

A Titi Elsa: gracias por siempre traer alegría a mi casa. Por amar tanto a mis hijos y por estar cuando más te he necesitado. Gracias por ser mi fanática #1 y cuidarme como solo una tía lo puede hacer. ¡Siempre seré tu Chispy!

A Belquis: gracias por convertirte en una hermana que Dios puso en mi camino. Gracias por darme palabras de apoyo, por hablarme siempre con la verdad, por siempre decirme lo orgullosa que estás de mí y por quererme y protegerme como solo una hermana puede hacerlo.

A mis *Friends4Ever*: Iho (*my sister from another mother*), Diana (mi Wac) e Ilse (Tia Itshe), gracias por siempre decir presente, por ser mis confidentes y por demostrarme que no tenemos que tener la misma sangre corriendo por las venas para convertirnos en familia.

A Armando Correa: gracias por siempre creer en mí y apoyarme en todo lo que hago. Gracias por guiarme y ser instrumento en mi camino para seguir mis sueños.

A Rita Jaramillo: gracias por agarrarme de la mano en este proyecto. Gracias por creer en mí y por asegurarte de que mi visión no se perdiera en ningún momento… Eres un ángel lleno de mucha paciencia.

A Dios: gracias por enseñarme que TU tiempo es el perfecto. Gracias por lo mucho, por lo poco, por todas las bendiciones que derramas sobre mí todos los días, y por protegerme con tu Santo Manto. Gracias por las oportunidades que me haces llegar y por llevarme de la mano en cada paso que doy.

Jeannette Torres, nacida en Puerto Rico, es la esencia de la mujer profesional de hoy: trabajadora a tiempo completo, esposa y madre de dos hijos. Licenciada en Psicología y en Consejería de Salud Mental, ha servido como consejera y administradora de salud mental para organizaciones sin fines de lucro reconocidas a nivel nacional.

Junto con su hermana Dayanara Torres, es coautora de *Casada Conmigo: Cómo triunfé después del divorcio* (Celebra, 2009). Desde 2008, Jinny —como cariñosamente la llaman sus allegados— escribe la columna "Ser mamá" de la revista *People* en Español, seleccionada por sus lectores como la columna más popular de la publicación. Desde 2005 ha formado parte del grupo de expertos del programa de televisión matutino *Despierta América,* de Univisión, y es invitada frecuente a programas de radio.

En la actualidad, continúa con su labor de ayudar a las madres embarazadas de la comunidad de Miami-Dade, en Florida, a cuidarse física y emocionalmente, para asegurar que les den el mejor comienzo de vida a sus hijos. Su objetivo es apoyar y guiar a las madres a alcanzar su máximo potencial y aumentar la calidad de vida de su familia.